Marc Laban

Weg mit dem Gerümpel!

W0179183

Marc Laban

WEG MIT DEM GERÜMPEL!

Wegschmeißen, aufräumen – durchatmen

Mit zahlreichen Illustrationen
von Olaf Schumacher

ANACONDA

Die Methoden und Anregungen in diesem Buch wurden nach bestem Wissen erstellt und mit größtmöglicher Sorgfalt überprüft. Jede Leserin, jeder Leser ist jedoch für das eigene Tun und Lassen auch weiterhin selbst verantwortlich. Weder Autoren noch Verlag können für eventuelle Nachteile oder Schäden, die aus den im Buch gegebenen praktischen Hinweisen resultieren, eine Haftung übernehmen.

Die Deutsche Nationalbibliothek verzeichnet diese Publikation in der Deutschen Nationalbibliografie; detaillierte bibliografische Daten sind im Internet unter http://dnb.d-nb.de abrufbar.

© 2011 Anaconda Verlag GmbH, Köln
Alle Rechte vorbehalten.
Umschlag- und Innengestaltung: Olaf Schumacher
Printed in Czech Republic 2011

ISBN 978-3-86647-574-8

www.anacondaverlag.de
info@anaconda verlag.de

Inhalt

Total normale
Zustände

Sie suchen jeden Morgen, kurz bevor Sie mit wehendem Mantel aus dem Haus stürmen wollen, Ihren Schlüsselbund? Sie finden Ihr Handy nur noch, wenn Sie es anwählen, um anschließend zu lauschen, unter welchem Papierstapel oder in welchem Klamottenberg das Telefonteil wohl vor sich hinfiept wie ein Junges, das seine Mutter sucht?

Sie benötigen abends einen Bagger, um sich den Weg zum Bett freizuschaufeln? Sie gehören zu den rekordverdächtig oft angemahnten Zahlungssäumigen, weil sich vor allem Rechnungen in dem Chaos auf Ihrem Schreibtisch in Zeit und Raum auflösen („Das ist der Beweis: Es gibt schwarze Löcher! Und zwar direkt vor mir.")?

Ihre Kinder fragen Sie hin und wieder, wo und wann zuletzt der Hamsterkäfig gesehen wurde und ob Hamster auch ohne Luft leben können, weil es im Kinderzimmer unter all dem Spielzeug seit ein paar Tagen so verdächtig riecht? Und in der Küche öffnen Sie Ihre Hängeschränke nur noch mit Sturzhelm, weil die von Oma geerbten Eisentöpfe aus dieser Fallhöhe nun mal hässliche Narben auf der Stirn hinterlassen?

Sie gehören·zu den Menschen, die das Tarifchaos der Telefonanbieter weniger als Chance begreifen, Geld zu sparen, denn als Beweis für Ihre genetisch bedingte Unfähigkeit, eine Gleichung mit 25 Unbekannten zu lösen? Und Sie schaffen es auch nicht ein einziges Mal, sich den wöchentlich unter Tränen vorgetragenen Bitten Ihrer Nachbarin um irgendeinen Freundschaftsdienst zu entziehen?

**Dann gehören Sie
zu den ganz normalen Menschen.**

Total normale Gefühle

Umfragen zufolge zählen Sie statistisch nämlich zu jener Mehrheit der Menschen, die sich von ihren Lebensumständen überfordert fühlen. Die Beruf und Haushalt, die Hund und Kind und Kegel nicht mehr wirklich kontrollieren, die den Überblick verloren haben. Die der Unordnung, des Chaos' nicht mehr Herr werden. Die das latente Gefühl haben, von all den Dingen, die aus Schränken oder als Stolperfallen unter Betten hervorquellen, von all den Papierbergen auf ihrem Schreibtisch, von all den beruflichen und privaten Ansprüchen an ihre Person erdrückt zu werden. Langsam, aber sicher. Subtil, aber mit spürbarer Wirkung.

Nietzsche hatte Recht...

Und die vor allem das Gefühl haben, wegen der unübersichtlichen Zustände auch beruflich die Orientierung zu verlieren, sich nicht mehr auf das Wesentliche konzentrieren zu können. Weil sie nicht nur beruflich das Gefühl haben, ständig hinter irgendetwas herzuhecheln, sondern auch zu

Hause: hinter Ordnung, Sauberkeit, Überblick, Struktur – anstatt effektiv seinen Job zu erledigen, zu Hause zu regenerieren, zu entspannen oder mit den Kindern zu spielen, und nicht zuletzt berufliche Zielvorstellungen und Perspektiven in Ruhe zu durchdenken.

Die einen verfallen ob der Zustände der großen Weltunordnung phasenweise in die große Weltdepression („Nietzsche hatte recht: Gott ist tot. Wenn es einen Gott gäbe, würde er hier mal richtig aufräumen!"). Die anderen tragen es mit der resignativen Gelassenheit der Einsicht in große Niederlagen („Was war schon Stalingrad gegen meinen Schreibtisch?").

Die einen öffnen aus Scham und Panik die Tür nicht mehr, wenn jemand unangemeldet klingelt. Die anderen weisen Besucher vorsichtshalber darauf hin, dass das Betreten der Wohnung versicherungstechnisch gesehen auf eigene Gefahr und Rechnung erfolgt.

Chaos regiert die Welt

Und beide, die Depressiven wie die Resignativen, verfallen in ungläubiges Staunen, wenn sie irgendwo zu Besuch sind und einen besonders aufgeräumten, geordneten und sauberen Kosmos vorfinden. Eine Antwort auf die im Stillen gestellte, verzweifelte Frage „Wie machen die das nur?", erhält man in der Regel, wenn man („Ich muss mal eure Toilette aufsuchen...") heimlich einen der Schränke im Flur oder die Tür zur Abstellkammer oder einfach nur eine Schublade öffnet: In den meisten Fällen blickt man hier in die gleichen Abgründe wie Zuhause.

Chaos regiert die Welt!

Ich kauf mir was...

Das hat Gründe. Das westliche Wirtschaftssystem basiert nämlich nicht auf protestantischer Entsagung. Es basiert auf Konsum. Und zwar von Dingen, die man braucht. Und vor allem von Dingen, die man überhaupt nicht braucht. Also wird entwickelt, produziert und verkauft. Für Wachstum, Bruttosozialprodukt und Mehrwert. Irgendwann hat jedoch fast jeder fast alles, was er braucht. Oder auch nicht braucht. Damit die Welt nun nicht stehen bleibt, sondern sich weiter dreht, erfindet und produziert die Wirtschaft immer mehr, damit wir alle immer wieder gute Gründe haben, noch mehr zu kaufen.

...Kaufen macht so viel Spaß

Gekauft wird gerne, was die Welt noch nicht gesehen hat und die Kultur gewaltig nach vorne katapultiert, z.B. „Eierschalensollbruchstellenverursacher". Gekauft wird auch, was es zwar schon gibt, was jetzt aber noch viel mehr kann als alle Konkurrenz- und Vorgängermodelle

(„Wahnsinn, ich kann mit meinem Fernseher jetzt auch Brot toasten!").

Und so wird die Welt immer voller und die Dinge in ihr immer komplizierter: Die Gebrauchs-anweisung eines mobilen Telefons besitzt mitt-lerweile die Ausmaße eines Handbuches für Langstreckenflugzeuge. Weil Handys heute bis auf Wäsche waschen so ziemlich alles können müssen, was die wenigsten Menschen wirklich brauchen. Und mit diesem Fahrrad, diesem ultra-leichten Mountainbike mit gefühlten 89 Gängen, könnte man problemlos in Rekordzeit den Watz-mann stürmen. Könnte man, wenn man damit eigentlich nicht immer nur bis zum nächsten Bä-cker fahren wollte.

Wir leiden an Verstopfung

Die Folge von all dem ist, dass sich mit den Jah-ren all die Dinge, die wir einst für unverzichtbar hielten, ansammeln. Und unser Leben verstop-fen. Je nach Mentalität und monetärer Möglich-keit besitzt ein Mensch der westlichen Hemisphäre zwischen 5.000 und 10.000 Dinge. Große und kleine. Und diese Dinge stehen und liegen immer irgendwo rum. Die meisten stören eigentlich nur. Und sind zudem überflüssig, reine Staubfänger. Oder kaputt.

Viele Dinge werden uns auch ins Haus getra-gen, ohne dass wir jemals darum gebeten hätten: Geschenke („Schau mal, was uns Tante Erika mitgebracht hat: Einen Aztekenofen! Für unseren Balkon."), Werbematerial („Sensationspreise! Planierraupen nur diese Woche noch im Angebot!") oder Erbstücke („Opa hat uns sein bestes Stück vermacht: den kaputten Volksempfänger, von 1938!").

Dinge rauben Autonomie

All diese Dinge saugen wie Vampire unsere Energie. Um an irgendetwas heranzukommen, muss in der Regel stapelweise, schweißtreibend und zeitraubend irgendetwas anderes zur Seite geräumt werden. Ob man dann tatsächlich das findet, was man sucht, steht allerdings in den Sternen.

Einfaches Staubsaugen oder Wischen gleicht einer wilden Slalomfahrt um Zeitungsstapel, Bierkästen, Handtaschen und Motorradhelme. Weil all diese Dinge keinen Platz finden. Weil es keinen Platz mehr gibt. Weil jeder verfügbare Raum, jede verfügbare Fläche bereits belegt ist. Mit irgendetwas anderem.

Wir sind nicht mehr Herr über die Dinge. Die Dinge bestimmen über uns. Wir verlieren das Selbstbestimmungsrecht. Die Dinge sagen uns, was wir zu tun und zu lassen haben. Sie sagen: „Nein, hier kannst Du keine Vase mehr deponieren. Wo auch immer Du sie unterbringen willst: Hier nicht! Hier ist alles voll." Die Dinge sagen: „Nein, diese Rechnung wirst Du jetzt nicht noch eben per Computer überweisen. Die Rechnung gehört uns. Sie ist ein Teil irgendeines Papierstapels auf Deinem Schreibtisch. Sie ist ein Teil von uns. Die geben wir nicht her. Jedenfalls nicht kampflos!"

> Nicht mehr wir bestimmen das Ordnungsprinzip unseres Lebens, es sind die Dinge.

Wir haben unsere Autonomie an die Dinge delegiert. Sie rauben uns die Entscheidungsfreiheit, auf die wir sonst so viel Wert legen. Das sollte mal Ihre Frau wagen! Oder Ihr Mann! Ihnen die Entscheidungsfreiheit rauben. Da würden sich aber Anwälte freuen! Ihre Frau darf das nämlich nicht. Ihr Mann auch nicht. Aber die Dinge, die dürfen das.

Chaos ist Karrieregift

Chaos und Unordnung hängen zudem wie Blei an den Füßen, wenn Sie in die lichten Höhen der oberen Karriereleiter vorzustoßen gedenken. Wie wollen Sie da oben ankommen, wenn Sie hier unten im Büro noch kniehoch in Unterlagen stehen.

Da oben braucht man Überblick. Mit Chaos im Kopf sieht man aber nichts.

Da oben muss man auch geistig beweglich sein, muss tänzeln können wie ein Boxer. Mit vollgestopften Ordnern an den Hacken kann man nicht tänzeln.

Wie wollen Sie die Unternehmensleitung von Ihren Qualitäten überzeugen, wenn Sie zur Vorlage eines aktuellen Vorganges einen halben Arbeitstag brauchen („Tschuldigung, die Unterlagen waren in dem Stapel hinter der Tür. Ganz unten. Konnte ich schließlich nicht wissen.")?

Chaos macht krank

Chaos macht Sie langsam, weil Sie im Chaos den Überblick verlieren, weil Chaos Ihnen das Gefühl vermittelt, nicht mehr Herr des Verfahrens zu sein. Chaos bremst Sie aus, macht Druck und Stress. Und Stress macht krank. Manche Mitarbeiter halten das irgendwann nicht mehr aus und verlassen folgerichtig ihr Unternehmen auf Nimmerwiedersehen („Müller hat sich gestern übrigens auch verabschiedet. Schlaganfall!").

Dinge rauben Perspektiven

All das Chaos in Ihrem Büro, all die Dinge in Ihrem Haus versperren irgendwann auch den Blick für Neues. Wo alles festgefahren und vollgestopft ist, wie soll da Neues entstehen? Wie soll man sich in einer Gerümpelhalde, die Ihr Zuhause sein sollte, vom Job regenerieren? Wie wollen Sie Zuhause neue Ideen entwickeln, einen neuen Lebensentwurf, eine neue Berufsperspektive, wo alles um Sie herum nur von altem Ramsch bestimmt wird? Da bleibt man besser gleich am Tresen stehen und bestellt noch ein Bier.

Dinge stehlen Zeit

Und all die Dinge rauben Ihr wichtigstes Gut: Zeit! Sie klagen darüber, keine Zeit zu haben für all die Angelegenheiten, die Ihnen wirklich wichtig sind? Holen Sie sich die Zeit bei den Dingen! Zum Beispiel: Sie träumen schon seit Jahren davon, mal einen ausgeprägten Kulturausflug nach – sagen wir – Cadolzburg zu unternehmen? Und Sie finden einfach nicht die Zeit? Die eine Woche?

Dann rechnen Sie mal aus, wie viel Zeit am Tag und folglich im Jahr Sie mit Suchen verbringen. Zum Beispiel nach Ihrem Hausschlüssel, nach Ihrem Handy, nach der Hundeleine und der Sonnenbrille. Weil Sie diesen Dingen partout keinen festen Platz zuordnen, an denen man sie nicht sucht, sondern findet.

Gut, dafür haben Sie die Zeit jetzt nicht. Also hier für Sie die Rechnung (umsonst!): Wenn Sie im Schnitt allein für das Suchen der Dinge des alltäglichen Gebrauchs pro Tag knapp sechs Minuten benötigen (und das ist konservativ geschätzt!), verbringen Sie im ganzen Jahr allein dafür 35 Stunden!

Da haben Sie Ihre Woche Kultururlaub in Cadolzburg! Eine satte 35-Stunden-Woche. Dafür rufen Gewerkschaften die Revolution aus!

Vom Wesen der Dinge

Eine verrümpelte Wohnung ist in der Regel das Ergebnis trivialer Unkenntnis. Ihre Bewohner haben nämlich oftmals überhaupt keine Vorstellung mehr vom ganz banalen Wesen und von der Bedeutung der Dinge, mit denen sie sich umgeben. Ein klares Bewusstsein für die Natur all der Gegenstände zu haben, mit denen man seinen Lebensraum teilt, ist jedoch eine psychologische Grundvoraussetzung für eine befreiende Entrümpelungsaktion. Denn Entrümpeln sollte ein bewusster Akt der Selbstbefreiung sein, eine Zurückeroberung der Herrschaft über die Dinge.

Nur, wer sich über die Funktion, den Wert bzw. die Wertlosigkeit der Dinge im Klaren ist, nur, wer weiß, was einen Gegenstand wertvoll macht und ab wann ein Gegenstand Gerümpel ist (und deshalb in die Tonne gehört), kann eine bewusste und begründete Entscheidung treffen, sich von Dingen zu trennen – oder sie gar nicht erst ins Haus zu lassen. Deshalb an dieser Stelle eine kleine Typologie der Dinge mit einer Einschätzung ihres Verrümpelungspotentials (niedrigste Stufe: 0, höchste Stufe: +++):

Dinge, die man braucht und die funktionieren

Über diese Kategorie der Gebrauchsgegenstände gibt es nur Gutes zu sagen. Man braucht einfach einen Fernseher, ein Telefon, einen Computer, eine

Küchenmaschine, Tassen, Mäntel und Schuhe, um den Alltag zu bewältigen. Einzige Voraussetzung: Sie müssen einwandfrei funktionieren.

Bewertung: Die Elite der Dinge – sie werden alltäglich benötigt und sie tun dabei das, was man von ihnen erwartet: sie funktionieren. Wahnsinn! Diese Königsklasse der Dinge ist unantastbar und verdient Ihre höchste Wertschätzung – und Pflege.
Verrümpelungspotential: 0

Dinge, die man nicht braucht

Eine ganz üble Kategorie von Dingen. Bekommt man oftmals geschenkt (siehe unten). Wird oft aber auch im Zustand geistiger Umnachtung und brisanter Bewusstseinstrübung selbst gekauft. Dazu zählen solch neckische Errungenschaften wie Tischkamine, Eierschalensollbruchstellenerzeuger, Knoblauchschäler oder Schabernack wie orgiastisch stöhnende Bierflaschenöffner.

Bewertung: Die Kellerkinder im Kosmos der Dinge. Sie sind überflüssig, funktionieren in der Regel nicht, sind oftmals billigster Schrott und ein etwaiger Gag verflüchtigt sich binnen Sekunden. Verstopfen Stauräume und dienen nur einem einzigen Zweck: Sie machen die Taschen der Produzenten voll – mit Euros.
Verrümpelungspotential:+++

Dinge fürs Herz

Eine Kategorie von Dingen, die eigentlich keine
praktische Funktion erfüllen, abgesehen davon,
dass sie die Seele streicheln und dass man sich
gerne mit ihnen umgibt. Das kann Kunst sein,
ein Bild, eine Skulptur, das kann eine Muschel
vom letzten Strandurlaub oder ein Souvenir sein,
zum Beispiel eine Elefantenfigur vom letzten
Afrikaurlaub. Das kann aber auch Nippes vom
Flohmarkt sein.

Bewertung: Prinzipiell eine Gruppe von Dingen,
gegen die nichts einzuwenden ist, wenn man es
mit all den Figürchen und Püppchen und Mü-
schelchen nicht übertreibt. Man übertreibt es allerdings in der Regel.

Verrümpelungspotential: ++

Dinge mit Erinnerungswert

Eine Gruppe von Dingen, die in der Regel keine
praktische Funktion (mehr) erfüllen. Kann sich
mit der Gruppe der Dinge überschnei-
den, die fürs Herz sind. Zur Kategorie der
Dinge mit Erinnerungswert gehören zum
Beispiel Kleidungsstücke, von denen man
sich nicht trennen kann, weil man sie zu
besonders erfreulichen Anlässen trug (erstes Rendezvous, letzte Scheidung etc.). Dazu
zählen aber auch Erinnerungen an die Kindheit

Vorsicht: Alles er-
innert irgendwie
an irgendwas!

(der zerzauste Teddybär) oder Erbstücke (Opas Volksempfänger).

Bewertung: Prinzipiell eine Gruppe von Dingen, gegen die nichts einzuwenden ist, wenn man sich wirklich noch erinnert. Für rührselige Zeitgenossen jedoch eine Gruppe von Dingen mit hohem Verrümpelungsrisiko, weil alles irgendwie an irgendetwas erinnert.

Verrümpelungspotential: + bis ++

Dinge, die man sammelt

Ob Modellautos, Traktoren, oder Särge – man kann alles sammeln. Das Verrümpelungspotential der Sammelgegenstände hängt jedoch allein vom Charakterprofil des Sammlers ab. Ordentliche Sammler mit Maß stellen kein Problem dar. Sie wissen, was sie tun und sind glücklich. Je nach Sammelleidenschaft braucht man halt irgendwann eine Scheune oder muss anbauen.

Wer jedoch wahllos und/oder zwanghaft sammelt und heftig darunter leidet, dass Vermieter und der sozialpsychologische Dienst das Leben auf einer Müllkippe nun mal nicht dulden, hat ein Problem. Solche Menschen nennt man Messies und die Lösung für ihr Problem wird man auch nicht in diesem Buch finden, sondern im Branchenverzeichnis, unter P wie Psychologe.

Bewertung: Jedes Ding kann zum Gegenstand von Sammlerwut unterschiedlichster Ausprägung werden. Bei unkontrollierter Sammelwut besteht natürlich extreme Verrümpelungsgefahr. Doch krankhafte Sammelwut sollte Gegenstand einer professionellen Behandlung sein.

Verrümpelungspotential: ++ bis +++

Dinge, die man geschenkt bekommt

Geschenke und Erbstücke, das sind die Dinge mit der größten Heimtücke. Ihnen wohnt nämlich ein natürlicher Entrümpelungswiderstand inne. Ob man sie schön findet oder nicht, ob man sie gebrauchen kann oder nicht, sie bringen in uns eine Saite zum Schwingen, die bei jedem Versuch, sie (heimlich) zu entsorgen, laut aufjault. Es ist, als würde man den (gar nicht anwesenden) Schenker oder (gar nicht mehr lebenden) Erblasser persönlich beleidigen, was man aus Anstand natürlich nicht tut.

Bewertung: Eine sehr problematische Gruppe der Dinge. Geschenke zu entrümpeln bedeutet leider, erhebliche psychische Blockaden und Hemmschwellen zu überwinden. Nur wenige schaffen das.

Geschenke sind heimtückisch!

Verrümpelungspotential: ++

Vom Wesen des Gerümpels

Was macht nun aus einem zunächst unschuldigen Ding Gerümpel? Wann kippt der Charakter eines Gegenstandes vom hilfreichen Utensil zum überflüssigen Plunder? Wohnungen und Häuser verrümpeln nicht selten aus dem einfachen Grund, dass all das Gerümpel als solches gar nicht mehr wahrgenommen wird.

Man sieht in den Skiern aus den frühen Siebzigern, die beim Betreten des Kellers jedes Mal fast zum Beinbruch führen, nicht das, was sie sind, nämlich bestenfalls Brennholz. Was man sieht, sind diese ultraschicken Hingucker, das beste, was es damals für

Dinge ändern ihren Charakter

verwegene Abfahrtsfahrer gab, was damals zudem auch sehr teuer war und mit dem man all die anderen Pistensäue pulverisieren wollte. Damals! Heute würde man sich mit diesen Antiquitäten und den mittlerweile porösen Skistiefeln zum Gelächter des gesamten Skigebietes machen – und überhaupt: Der letzte Skiurlaub ist 20 Jahre her, und dabei wird's auch bleiben – schon alleine wegen der Schmerzen im Knie...

Man sieht also in all den Dingen, die die Wohn- und Arbeitsräume verstopfen, nicht das Gerümpel, das es ist. Man sieht Erinnerungen, man sieht den Preis, den man mal dafür bezahlt hat, das Statussymbol, das es mal dargestellt hat, den Spaß, den man vor 20 Jahren damit hatte – man sieht alles, nur nicht Gerümpel.

So banal es ist, Gerümpel muss man erst einmal als solches erkennen, um es entsorgen zu können. Deshalb an dieser Stelle eine kleine Typologie des Gerümpels.

Dinge, die man nicht (mehr) braucht

Dinge verlieren bisweilen ihre Funktion, sie werden überflüssig. Ein gutes Beispiel sind Sportgeräte: Wie viele „Stepper" und „Hometrainer" mögen wohl in Wohnräumen oder Fluren stehen und als stumme und sperrige Zeugen von einer einstmals bewegten Zeit künden. Sicher, Sie haben auf all diesen Geräten Tausende Liter Schweiß verloren. Bis Sie dann irgendwann festgestellt haben, dass alleine zu Hause Fahrradfahren oder auf der Stelle Treppe steigen irgendwie doch doof ist. Inzwischen sind Sie Kunde im Fitnesscenter und betreiben Ihren Sport in der Gruppe. Vielleicht sind Sie auch zur Couchpotato degeneriert. Egal wie, seither stehen diese Fitnessgeräte als stille Anklagen irgendwo rum und nehmen Platz weg.

Das Gleiche gilt für Fotolabore, mit denen man das letzte Mal vor 20 Jahren SW-Fotos von den Kindern entwickelt hat. Alles hinfällig, seitdem man seine Erinnerungen pixelt und im Computer speichert. Und so weiter du so fort. All das ist Gerümpel!

Verkaufen, verschenken, wegschmeißen!

Dinge, die kaputt sind...

... sind Schrott! Ein Radiowecker, der nur noch extraterrestrisches Getöse über Ihre Kopfkissen bläst, ist ein Fall für die Sonderentsorgung. Stattdessen liegt er schon seit Monaten im Bücherregal. Neben dem Walkman, der zum Schluss nur noch Bändersalat produzierte und seit Ihrem MP3Player eigentlich sowieso entweder ins Technikmuseum gehört – oder in die Tonne.

Auch die im Gästezimmer geparkte kaputte Röhren-Flimmerkiste ist ein Fall für die städtische Sondermüllentsorgung. Denn erstens haben Sie sich nicht umsonst schon längst einen neuen Flatscreen gekauft und zweitens, nein, Ihre Kinder in der Studenten-WG werden das alte Teil eben nicht reparieren lassen, weil das viel zu teuer ist. Die haben sich längst einen Fernseher über ganz andere Kanäle besorgt – und zwar umsonst.

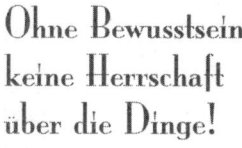

Ohne Bewusstsein keine Herrschaft über die Dinge!

Auch der alte Korkenzieher, der nur noch jede fünfte Flasche ohne Korkenbruch öffnet, ist offenkundig defekt. Warum auch immer Sie sich nicht davon trennen können, ein solches Teil gehört nicht in die Schublade, sondern in den Müll.

Grunsätzlich gilt: Die Einstellung, man könne kaputte Teile ja vielleicht noch einmal reparieren und irgendwann wieder zum Einsatz bringen, macht aus Müll Gerümpel, der Ihre Wohnung, Ihr Haus, Ihr Leben verstopft.

Dinge, die leer sind

Die Bandbreite reicht von leeren oder – noch besser – mit abgebrannten Streichhölzern gefüllten Streicholzdöschen, die Ihre Schubladen verstopfen, über leere Parfüm-Flakons, die im Bad Ihre Ablagen zustellen, bis hin zu leeren Whiskyflaschen, die im Schnapsregal hochprozentigen Platz rauben. Egal, wie hübsch der Flakon auch sein mag, und egal, wie rar und außergewöhnlich der Single Highland Malt auch gewesen sein mag, bei den leeren Flaschen handelt es sich um Leergut für den Glascontainer. Und auch die leeren und sorgsam gespülten Joghurtbecher, in denen man – voraussichtlich in fünf Jahren – den Lack für die Fensterrahmen anrühren oder im nächsten Frühjahr die Krokus-Sämlinge anziehen möchte, sind allein ein Fall für den Recyclingcontainer „Leichtverpackungen". Zur Beruhigung: Es wird auch im nächsten Frühjahr und vermutlich auch in fünf Jahren noch Joghurt geben, dessen Becher Sie dann nach Verzehr des Inhalts direkt ihrer neuen Funktion zuführen können.

Dinge, die Ihnen nicht gehören

Ihre Kinder sind aus dem Haus? Logieren schon lange in der eigenen Studentenbude oder haben gar geheiratet und mit ihrem Ehepartner schon lange ein eigenes Haus bezogen? Ja, dann sollen sie doch bitte auch ihre Klamotten abholen.

Die Umzugskisten mit den Büchern, das alte Jugendbett und den Schreibtisch und die alte Spielekiste im Keller.

Um es klar zu sagen: Das ist jetzt der Plunder Ihrer Kinder! Nicht mehr der Ihre. Ihre Kinder müssen entscheiden, was sie aus dem alten Jugendzimmer noch behalten wollen und was nicht. Und es ist die Aufgabe Ihrer Kinder, zu entsorgen, was sie nicht mehr haben wollen. Sie hingegen haben jetzt ein oder zwei Räume mehr zur Verfügung. Allerdings nicht als Abstellkammer für Gerümpel. Machen Sie ein Arbeits- oder ein Gästezimmer draus oder einen Wirtschaftsraum.

Und Ihr Ex-Mann? Ist schon lange bei seiner Neuen untergekrochen? Ja dann sollte er mal langsam all seine Habseligkeiten abholen. Und den Hobbykeller sollte er auch schleunigst ausräumen. Weil das sonst nämlich alles durch ein Entrümpelungsunternehmen auf seine Kosten entsorgt wird!

Und Ihre Freunde oder Nachbarn, die „vorübergehend" ihre Gartenmöbel untergestellt haben, könnten nach nunmehr vier Jahren auch mal einen LKW bestellen und sich ihren eigenen Keller mit den Rattan-Teilen zustellen, weil das neue Haus Ihrer Freunde nämlich gar keinen Garten mehr hat.

Dinge, die Ihnen nicht gehören, mögen für die, denen sie gehören, einen wie auch immer gearteten Wert darstellen – für Sie sind sie Gerümpel! Raus damit!

Dinge, die Ihnen nichts mehr bedeuten

Diese Kategorie des Gerümpels ist besonders brisant, denn wir reden nunmehr über all die Dinge, die eigentlich emotional aufgeladen sind, in die man Erinnerungen projiziert und anrührende Empfindungen. Das Urlaubs-Souvenir, der Fotorahmen mit dem Bild des vor 20 Jahren verstorbenen Cockers, das Nippes-Figürchen vom Flohmarkt in Paris, das selbst gebastelte Muschelkästchen der Tochter aus Kindergartenzeiten – mit all diesen Dingen verbinden ihre Besitzer eigentlich irgendein Gefühl. Eigentlich!

Dinge verlieren manchmal ihren gefühlten Wert!

In dem Moment, in dem man diesen Dingen gegenüber jedoch nichts mehr empfindet, werden sie zu Gerümpel. Und die meisten dieser Dinge stehen nach einiger Zeit einfach nur noch aus Gewohnheit herum. Fragen Sie sich bei jedem solcher Teile, wann Sie eigentlich wirklich das letzte Mal von ihnen angerührt waren. Wirklich angerührt. Seien Sie ehrlich zu sich selbst. Sie werden erstaunt sein, aber die meisten dieser Dinge lassen Sie mittlerweile ziemlich kalt. Also ab auf den Sperrmüll.

Die drei Mantras des Entrümpelns

Es folgen nunmehr die drei Mantras des Entrümpelns. Es sind die heiligen Grundregeln, die in Stein gemeißelten Gesetze der Befreiung von den überflüssigen Dingen. Mit diesen drei Mantras werden Sie fortan jedes Ding in Ihrem Haushalt konfrontieren. Ob die Dinge in Ihrem Haushalt eine Existenzberechtigung erhalten oder bereits in den Status des Gerümpels gewechselt sind und infolgedessen ihre Daseinsberechtigung verwirkt haben, werden Sie mit Hilfe der drei Mantras ganz einfach klären können.

> **Ein Mantra ist im wahrsten Wortsinn ein „Instrument des Denkens"!**

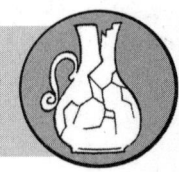

Das erste Gerümpel-Mantra:
WAS KAPUTT IST, GEHÖRT AUF DEN SPERRMÜLL!

Das einfachste der drei Mantras: Zu entscheiden, ob etwas funktioniert oder nicht, dürfte niemanden vor größere Probleme stellen. Manche Dinge sind zu einem vertretbaren Preis zu reparieren (allerdings nur in den selteneren Fällen). Und wenn sie zu reparieren sind, dann sofort! Allein die Ankündigung einer Reparatur reicht nicht.

Sind sie nicht reparabel, dann seien Sie gnadenlos mit sich selbst und den kaputten Dingen. Defekte Dinge gehören auf den Müll.

Punkt! Und keine Diskussion!

Ein schon etwas anspruchsvolleres Mantra, denn der Gebrauchswert eines Dings ist auslegungsfähig und öffnet Möglichkeiten des Selbstbetrugs. Doch eine einfache Frage schafft in dieser Angelegenheit Klärung: ***Alles, was Sie im letzten Jahr nicht gebraucht oder angewendet haben, ist für Sie definitiv Gerümpel!*** Und sollte verkauft oder verschenkt werden oder es sollte den Weg alles Irdischen gehen.

Bei Dingen mit ideellem Wert, die keinen Gebrauchsnutzen haben, gilt: Hat der betreffende Gegenstand Sie innerhalb des letzten halben Jahres noch emotional angerührt oder hat er sie kalt gelassen. Wenn er Sie kalt gelassen hat, ist es Gerümpel. Sie werden sich nach seiner Entsorgung befreit fühlen! Garantiert!

Zudem gilt: Was Sie verkaufen oder verschenken wollen, wird im Keller oder in der Garage zwischengelagert.

Und wenn es sich nicht innerhalb eines halben Jahres verschenken oder verkaufen ließ, wandert es auf den Sperrmüll. Definitiv!

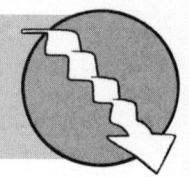

Das dritte Gerümpel-Mantra:
WAS SIE NUR EIN- ODER ZWEIMAL IM
JAHR BRAUCHEN, GEHÖRT IN DEN KELLER!

Das wohl sympathischste Mantra für all diejenigen, denen die Entsorgung von Dingen Schmerzen bereitet. Denn das dritte Mantra dient nicht der Entsorgung von Dingen, sondern dem Schaffen von Freiräumen durch sinnvolles Auslagern. Ein Hochdruckreiniger, der nur zwei Mal im Jahr zum Einsatz auf der Terrasse kommt, sollte in der Abstellkammer keinen wertvollen Platz rauben. Der gehört in die Garage oder in den Keller. Die muss man natürlich vorher kräftig entrümpelt haben!

Führt kein Weg dran vorbei!

Mit diesen drei Mantras können Sie jeden Ihrer Räume zuverlässig entrümpeln. Erfolgreich werden Sie jedoch allein dann sein, wenn Sie alle drei Mantras mit eiserner Härte und Rücksichtslosigkeit gegen sich selbst und gegen Ihren Impuls, vielleicht doch lieber alles erst mal zu behalten, konsequent befolgen. Zur Orientierung und als Hilfestellung werden wir im Folgenden einzelne Räume beispielhaft entrümpeln.

Die beiden Mantras der Ordnung

– und das Prinzip der Funktionsinseln –

Nach dem Entrümpeln bricht das Zeitalter der Ordnung an. Denn Entrümpeln ohne einen Neustart in der Einstellung zum Thema Ordnung wird keine nachhaltige Wirkung entfalten. Wir reden jedoch nicht von einer Ordnung um der Ordnung willen. Wir reden von einer Ordnung, die Ihnen Freiräume schafft, die das Leben erleichtert, die Ihr Leben übersichtlicher gestaltet und die hilft, Zeit zu sparen für wichtigere Tätigkeiten als Suchen.

Diese Ordnung herzustellen bzw. zu erhalten ist einfacher als man glaubt. Es sind lediglich zwei Ordnungs-Mantras, die man im Alltag beherzigen muss. Das aber mit eisenharter Konsequenz. Sonst werden Sie alsbald wieder im Chaos versinken.

Um die Dinge, vor allem diejenigen, die Sie nur selten benutzen, schnell finden zu können und um die beiden Ordnungs-Mantras effektiv befolgen zu können, sollten Sie nach der großen Entrümpelaktion die Dinge in jedem Raum jedoch zunächst nach einem wichtigen Einrichtungsprinzip verstauen:

Richten Sie Funktionsinseln ein!

Funktionsinseln, egal in welchem Raum, helfen Ihnen, die Dinge einfacher zu finden. In der Küche sollten zum Beispiel Instrumente zum Rühren (Rührlöffel, Schneebesen etc.) oder Pfannenheber in einer bestimmten Schublade in der Funktionsinsel „Pfannen- und Topfutensilien" deponiert werden, und dort in der Schublade immer an der gleichen Stelle. Sie können bei Bedarf blind in diese Schublade greifen und werden dort finden – und nicht suchen.

Am Schreibtisch sollten Schreibutensilien und alles, was mit Schreiben oder Zeichnen auf Papier zu tun hat (vom Lineal bis zum Radiergummi), in einer Schublade in der Funktionsinsel „Schreiben und Zeichnen" untergebracht werden. Ladekabel für Handys oder Radiogeräte und alle anderen Geräte, die regelmäßig aufgeladen werden müssen, ebenso wie Batterien oder Akkus sollten gemeinsam in der Funktionsinsel „Energie" an einer bestimmten Stelle verstaut werden.

Sie werden fortan finden, nicht suchen!

Mit Hilfe dieser Funktionsinseln und den beiden Ordnungs-Mantras bekommt man selbst den komplexesten Haushalt und das unübersichtlichste Büro in den Griff. Was nicht zuletzt daran liegt, dass die beiden Mantras denkbar einfach sind, zugleich aber unglaublich effektiv.

Die beiden Ordnungs-Mantras

Ordnung ist lediglich eine Frage der Übung, des Selbsttrainings und schließlich der Gewohnheit, über die man nicht mehr nachdenkt. Selbst größte Chaoten wurden mit Hilfe der beiden folgenden Mantras bereits zu überzeugten Ordnungs-Fans bekehrt.

Erstes Ordnungs-Mantra:
JEDES DING HAT SEINEN PLATZ!

Jedes Ding hat seinen Platz und gehört an seinen Platz, und zwar ausnahmslos und immer. Wer seinen Schlüsselbund grundsätzlich beim Betreten des Hauses auf dem Schreibtisch (oder auf der Kommode oder am Schlüsselbrett oder wo auch immer) deponiert, wird ihn niemals mehr beim Verlassen des Hauses suchen müssen (siehe auch: Die Startrampen des Alltags, S. 118). Das Gleiche gilt für Radiergummis, Kartoffelschäler oder – sehr beliebt – für Handys.

Dulden Sie keine Ausnahme!

Zweites Ordnungs-Mantra:
JEDES DING GEHÖRT AN SEINEN PLATZ – IMMER!

Auch, wenn Sie die Schere zwei Stunden später sicher noch einmal brauchen werden, legen Sie sie bis dahin wieder dorthin, wo sie hingehört. Auch, wenn Sie den Pfeffer nach der Vinaigrette sicher auch noch für den Schweinebraten brauchen, stellen Sie ihn nach jedem Gebrauch wieder dahin, wo er immer steht.

Und auch, wenn Sie gleich erneut mit dem Home-Handy oder Handy werden telefonieren müssen, legen Sie das Telefonteil nach einem Gespräch immer wieder an eine strategisch günstige Stelle. Als es nur Schnurtelefone gab, hatte dieses Kommunikationsgerät ja auch immer nur den einen Standort! Ordnen Sie Mobilteilen deshalb ebenso einen Standort zu. Man kann sich während des Telefonats ja frei mit dem Mobilteil wohin auch immer bewegen. Danach sollte es jedoch an seinen verabredeten Standort zurückgelegt werden. Vor allem dann, wenn mehrere Familienmitglieder ein Anrecht auf Benutzung haben. Nur so werden Sie nie mehr suchen müssen, sondern einfach nur noch finden.

Ordnung dient der Übersicht!

Es gehört zu den einfachen aber todsicheren Gesetzen des Chaos: Wenn Sie alles, was Sie benutzen, dort stehen lassen, wo Sie es gerade benutzt haben, wird jede Stellfläche, wird jede

---

Achtung!

Die Einstellung: „Da hab ich jetzt gerade keine Zeit zu. Das kann ich gleich immer noch wegräumen", funktioniert nicht!
Sie werden es nämlich gleich **nicht** wegräumen. Es wird liegen bleiben. Gemeinsam mit all den anderen Dingen, die Sie „gleich noch wegräumen" wollen. Tun Sie sich selbst also einen großen Gefallen und machen Sie sich nichts vor.

Ablage und Arbeitsfläche mit all den benutzten Utensilien irgendwann komplett zugestellt und belegt sein. Zu finden, was man braucht, wird dann zum Lottospiel! Jede Tätigkeit erstickt im Chaos der Dinge! Und Chaos ist das, was Ihnen die Luft zum Atmen nimmt.

Wir rümpeln uns frei!

Mit dem Chaos ist es nun vorbei. Wir rümpeln uns frei! Schluss mit dem verrümpelten Büro, mit der verrümpelten Wohnung, dem verrümpelten Haus. Mit den drei Gerümpel-Mantras und den beiden Ordnungs-Mantras werden Sie fortan Ihr Leben neu organisieren.

Während des Entrümpelns sollten Sie jedes Ding eines betreffenden Raumes in die Hand nehmen und das betreffende

Mantras murmeln – jeden Tag!

Mantra aufsagen. Sie können die Mantras auch singen oder wie ein tibetischer Gebetsmönch vor sich hin murmeln. Entscheidend ist allein, dass die Mantras in Fleisch und Blut übergehen. Und dass Sie während des Entrümpelns nicht mit sich selbst zu diskutieren beginnen mit dem Ziel, die den Mantras innewohnende Kompromisslosigkeit aufzuweichen. Beim Entrümpeln gibt es keine Kompromisse!

Beim anschließenden Erhalt der hergestellten Ordnung verhält es sich genauso. Murmeln Sie die Ordnungs-Mantras den ganzen Tag vor sich hin, bis sie in Fleisch und Blut übergegangen sind und Ihren täglichen Umgang mit den Dingen bestimmen. Sie können die beiden Ordnungs-Mantras auch ausdrucken und sich in jedem Raum an die Wand nageln. Entscheidend ist allein, dass sie allgegenwärtig sind.

Nun denn, jetzt gilt's: Wir beginnen mit der Küche, die in vielen Haushalten das Zentrum des familiären Miteinanders darstellt. Ein ganz wichtiger Raum, in dem Übersicht und Ordnung besonders wichtig sind – und in dem besonders häufig das helle Chaos ein grauenhaftes Regime führt.

Die Gerümpelküche

– ein latenter Krisenherd –

Über manche Küchentür sollte man ein Ortseingangsschild montieren: und zwar das von Bagdad. Oder von Ramallah. Denn verstopfte Küchen sind latente Krisenherde. Komplett vermintes Gelände! Die schlimmsten Varianten dieser Gerümpelküchen sollte man ohne Verbandsmaterial und schnell wirksames Magen-Darm-Therapeutikum gar nicht erst betreten: Ein unbedachter Griff in die Schublade, wo „eigentlich gar keine Messer hingehören", und man lernt schon kurze Zeit später einen netten Handchirurgen kennen; eine herzhafte Gabel Thunfisch aus der Dose von 1994 und man erfährt, wie befreiend eine Magenspülung sein kann.

Es gibt wohl kaum einen Raum, in dem – je nach Kochgewohnheiten – eine derartige Vielzahl von Dingen tagtäglich oder wöchentlich bewegt und benutzt wird. Küchen sind gigantische Umschlagplätze für große und kleine Utensilien.

Und damit ist ihre Funktion durch Chaos und Verstopfung besonders schnell beeinträchtigt. Werden hier die Prinzipien der ersten beiden Gerümpel-Mantras („Was kaputt ist, gehört auf den Sperrmüll!" „Was Sie nicht brauchen, wird verkauft, verschenkt oder weggeschmissen!") und des ersten Ordnungs-Mantras („Jedes Ding hat seinen Platz!") nicht aufs Strengste eingehalten, kann man auch direkt ein Schild an die Klinke

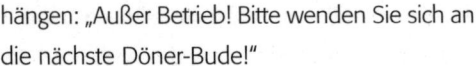

hängen: „Außer Betrieb! Bitte wenden Sie sich an die nächste Döner-Bude!"

Die Arbeitsplatte in der Gerümpelküche

– EINE ZUGEPFLASTERTE STELLFLÄCHE

Gerümpelküchen sind sofort erkennbar: Und zwar an der Arbeitsplatte. Die ist als solche nämlich optisch nicht mehr verifizierbar. Weil sie komplett mit Dingen zugepflastert ist. Weil sie zur Deponie für Öl- und Weinflaschen, Salz- und Zuckerdosen, Brotkörbe, Marmeladengläser und Ketchupflaschen, für Küchenpapierrollen, benutzte Kaffeebecher, Teller und Töpfe, Thermoskannen, für eine bunte Palette von Vorratsdosen und Müslikartons verkommen ist. Frühstücks- oder Esstische erleiden in Gerümpelküchen das gleiche Schicksal. Hier gesellen sich nicht selten noch Werbeprospekte, Tageszeitungen und Kinderspielutensilien oder Schulhefte in das chaotische Kaleidoskop des Küchengerümpels.

In der Regel reicht in Gerümpelküchen ein einziger falscher Handgriff, um eine infernalische Kettenreaktion auf der Arbeitsplatte auszulösen: Erst wankt, dann fällt das Olivenöl, das Fläschchen Kaffeesahne mit sich reißend, das schließlich zwischen all den Dosen und Flaschen aufschlägt und den Inhalt zwischen die Flaschennachbarn ergießt. Bei dem Versuch, mit einer schnellen Auf-

fangbewegung das Schlimmste zu verhindern, stößt man die Thermoskanne um, die hart auf die Kante der offenen Zuckerdose schlägt, woraufhin diese kippt und ihren Inhalt in Kaffee und Kaffeesahne entlässt. So wächst bereits auf der Arbeitsplatte zusammen, was eigentlich erst im Kaffeebecher zueinander finden sollte.

Die Küchenschränke in einer Gerümpelküche
– DEPONIEN FÜR DEN ÜBERFLUSS

Warum all diese Utensilien auf der Arbeitsplatte stehen? Nicht weil sie rund um die Uhr minütlich gebraucht werden! Sondern weil in den Schränken, wo all diese Dinge hingehören, einfach kein Platz ist. Hier ist der gewachsene Überfluss der unnötigsten Küchenutensilien deponiert.

Exotische Gewürzdosen vom letzten Versuch, die Küche Nordkoreas nachzuempfinden ("Wann haben wir noch den 50. von Kommunisten-Kurt gefeiert? 1995?"), haben sich raumgreifend im Vorratsschrank breit gemacht. Hier stehen sie gesellig neben Thunfischkonserven, die schon seit 15 Jahren abgelaufen sind. Eine gigantische Friteuse, mit der vor 20 Jahren der letzte Kindergeburtstag bestritten wurde, ist im Hängeschrank rechts beheimatet. Und eine Paella-Pfanne, so groß wie ein Kreissägenblatt, fristet ihre restlos nutzlose Existenz im Hängeschrank links – nutzlos, weil das damals zwar ein lieb gemeintes Geschenk von Mutti war, aber außer Mutti nun mal kein Mensch in der Familie Paella mag.

Deshalb stehen all die anderen Dinge auf der Arbeitsplatte im Weg und verhindern, dass auf der Arbeitsplatte das getan wird, wozu sie eigentlich da ist: gearbeitet.

In Gerümpelküchen werden dementsprechend irgendwann dann auch nur noch sehr übersichtliche Tätigkeiten ausgeführt: Tüten und Dosen werden aufgerissen und die Mikrowelle in Wallung gebracht. Gekocht wird hier nicht mehr. Kein Platz!

Der große Gerümpelküchen- Befreiungsschlag

Eine vollgestopfte Küche zu entrümpeln und in einen geordneten Zustand zu überführen ist wegen der Vielzahl der Utensilien eine besonders anspruchsvolle Aufgabe. Aber dieser Kraftakt ist allen Schweiß der Edlen wert, denn Sie werden sich anschließend unendlich erleichtert fühlen. Sie werden am folgenden Morgen beschwingt und leichtfüßig in Ihre „neue" Küche tänzeln, um die Kaffeemaschine anzuschmeißen. Und das

Beste: Sie werden Kaffee und Kaffeefilter sofort finden! Doch nehmen Sie sich für diese Aktion Zeit! Je nach Größe der Küche kann es einen ganzen Tag locker in Anspruch nehmen. Vielleicht auch mehr. Eine Küche zu entrümpeln ist eine echte Herausforderung!

Also: auf geht's! Wir beginnen mit den Küchenschränken unter der Arbeitsfläche und den Hängeschränken.

Schritt eins: Ausräumen!

Räumen Sie als erstes jeden einzelnen Küchenschrank und jede einzelne Schublade aus und legen Sie den Inhalt irgendwo im Haus oder in der Wohnung auf eine große freie Fläche (nicht in der Küche selbst, denn hier brauchen Sie Bewegungsfreiheit!) – am besten auf den

Beim Ausräumen findet man Dinge, die man schon lange nicht mehr gesucht hat!

Boden im Wohnraum. Legen Sie aus hygienischen Gründen den Boden zuvor mit Zeitungspapier oder großen Tischdecken aus. Räumen Sie zuvor noch einige Möbel zur Seite, denn Sie werden einigen Platz benötigen. (Erfahrungsgemäß reichen nämlich die Tischflächen im Wohnraum bei weitem nicht aus.)

So erhalten Sie einen beeindruckenden Überblick darüber, wie viele Utensilien Sie in all den Stauräumen und auf all den Stellflächen untergebracht haben. Sie werden erstaunt sein, was sich

da in den Tiefen des Raums alles wiederfindet („Schatz, schau mal, wo ich die Fernbedienung für den Fernseher gefunden hab!").

ORDNEN SIE ALLE
DINGE NACH IHRER FUNKTION

Stellen Sie also das komplette (Ess-)Geschirr (Teller, Tassen, Untertassen, Kaffeebecher, Tee- und Kaffeekannen, Suppentassen, Müslitöpfchen, Nachtischschalen, Obstschalen etc.) Gläser und Besteck zusammen an einen Ort.

Dann legen Sie alle Utensilien, die Sie zum Kochen an Herd und Ofen benötigen, gemeinsam nebeneinander (also Rührlöffel, Schneebesen, Kartoffelstampfer, Pfannenheber, Sparschäler, alle Messer, die Rührbesen und Knethaken vom Handmixer, die flotte Lotte, Reiben etc.). Direkt daneben platzieren Sie Töpfe, Pfannen, Kasserollen, Bräter, Woks, Dampfgarer etc.

Eine eigene Ecke erhalten auch alle technischen Geräte, also Toaster, Küchenmaschine, Friteuse, Kaffeemaschine, Brotbackmaschine, das Raclettegerät und der Tischgrill, die Mikrowelle, der Joghurtbereiter, der Eierkocher und die elektrische Zitruspresse etc. In diese Kategorie gehören auch Utensilien wie der „heiße Stein", die Käse- oder Fleischfondue-Töpfe mit Rechaud etc.

Dann stellen Sie alle Gewürze zusammen, direkt daneben alle Konserven und Lebensmittel, wie

Mehl, Zucker, Nudeln, Reis, Tee und Kaffee etc.
Und dann gehen Sie an diese Schublade, Sie wissen schon, an diese Schublade, in der alles, aber auch wirklich alles drin ist, in der man aber grundsätzlich nie was findet, jedenfalls nicht das, was man gerade sucht. Es ist die „Schublade des Grauens". Kippen Sie sie komplett aus. Dem Inhalt widmen wir uns später.

VERZETTELN SIE
SICH NICHT AN KÜCHENSCHRÄNKEN!

Abschließend werfen wir noch einen Blick auf die Türen der Küchenschränke und vor allem auf den Kühlschrank. Sind sie übersät mit Postkarten, Reinigungsbelegen, Einkaufszetteln, Fotos, komplettiert von womöglich steinalten Kinderkritzeleien („Ist das nicht süß? Ist von Jonas. Da war er drei. Dass der mal Chefarzt werden würde, wer hätte das damals gedacht?")?

So, jetzt müssen Sie ganz tapfer sein, aber: weg mit den Kinderzeichnungen, den Postkarten und Einkaufszetteln an Kühlschranktür und Küchenschränken. Diese wilden Sammlungen sind Ausdruck einer restlos chaotischen Grundhaltung. Der Blick verzettelt sich angesichts der Klein- und Vielteiligkeit der Zettelwirtschaft. Man nimmt nichts mehr wirklich wahr.

Diese Sammlungen sind keine Erinnerungsstütze und sie vermitteln auch keine Wohnlich-

---

Wohnlichkeit

*„Was soll ich? All die Postkarten wegschmei-
ßen? Auch die Bilder von den Kindern? Das
wird aber dann doch alles total unwohnlich! In
meiner Küche will ich mich doch wohlfühlen!"*

Um Ihren empörten Einwand direkt zu entkräf-
ten: Übersichtlich und aufgeräumt heißt nicht un-
gemütlich. Wenn Sie Ihre Küche wieder
einräumen, können Sie mit wenigen Gestal-
tungsideen auch in der Küche Wohnlichkeit her-
stellen. Stellen Sie eine Kerze auf den Esstisch,
hängen Sie ein gerahmtes Poster mit Obst und
Gemüsen der Saison auf. Rahmen Sie zwei oder
drei Kinderzeichnungen, die Ihnen wirklich etwas
bedeuten, und hängen Sie sie an eine freie Wand.
(So kommen sie überhaupt erst wirklich zur Gel-
tung.) Und für Einkaufserinnerungen gibt es hüb-
sche Tafeln, die man aufhängen kann etc.

---

keit. Sie sind vor allem eins: optischer Ballast. Sein
Leben übersichtlicher zu gestalten, ist ein Prinzip.
Wer bereits an der Kühlschranktür das Prinzip
bricht, bricht es auch woanders.

Schritt zwei: Saubermachen!

Wenn Sie Ihre Küche komplett ausgeräumt haben,
alle Schränke und Oberflächen also komplett leer
geräumt sind, heißt es Saubermachen. Eine Küche
muss zwar keine sterile Kachelhalle sein. Aber

eine behagliche Heimstätte für Pilz- und Keim-kulturen sollte sie auch nicht sein. Das aber sind Gerümpelküchen in der Regel. Weil: Steht ja alles voll. Und was voll ist, kann man eben auch nicht sauber halten.

ÜBERGEHEN SIE
DIESEN SCHRITT DER ENTKEIMUNG NICHT

Nichts ist schlimmer, als die einzelnen Bestand-teile einer entrümpelten Küche wieder in die mit Fettrückständen, Brot- und Gewürzkrümeln ver-seuchten Schränke und Schubladen zurückzu-stellen. Auch die ausgeräumten Küchenutensilien unterziehen Sie bitte einer genauen Prüfung – unter manchem Handmixer beispielsweise finden sich Rückstände, an denen auch Archäologen ihre Freude hätten.

UNTERSCHÄTZEN SIE
NICHT DEN ARBEITSAUFWAND

Kochrückstände sind ausgesprochen hartnäckig. Was in Form von öligen Dunstnebeln über so lange Zeit Gelegenheit hatte, sich auf den Hän-geschränken, auf jeder freien Fläche und an den Wänden niederzulassen, gibt das besetzte Ter-rain nicht so schnell und schon gar nicht wider-standslos wieder her. Sie benötigen also schon scharfe Munition, um den klebrigen Schmierfilm zu besiegen: Mikrofasertücher haben sich bestens bewährt, aber auch Scheuerschwämme, stark fettlösende Reinigungs- und Scheuermittel sollten bereitstehen. Das gleiche gilt für das Innenleben Ihrer Schränke und Schubladen.

Wenn das alles geschehen ist, wenn alles ausgeräumt und alles sauber ist, wird sich Ihrer Seele bereits ein erhebendes Gefühl bemächtigen. Sie werden mit beschwingender Energie durchflutet, denn die optische Leichtigkeit des leeren Raums verleiht Flügel! Und dieses erste Hochgefühl werden Sie auch brauchen. Denn der nächste Schritt wird Sie mit aller Härte treffen.

Die optische Leichtigkeit des leeren Raumes verleiht Flügel!

Schritt drei: Ausmisten!

Denn jetzt gilt's! Jetzt wird es ernst, jetzt geht es an den wichtigsten Schritt, ans Ausmisten. Jetzt heißt es, tapfer sein.

Wenden wir uns nunmehr also den im Wohnraum deponierten Küchenutensilien zu. Wenn Sie Schritt eins artig befolgt haben, sind alle Küchenutensilien nach Funktionseinheiten geordnet und zusammengestellt bzw. -gelegt. Beginnen Sie mit dem Entrümpeln am besten bei den großen und kleinen technischen Geräten, gehen Sie dann zu den Kochutensilien über, dann zum (Ess-)Geschirr und schließlich zu den Gewürzen und Konserven bzw. bevorrateten Lebensmitteln wie Mehl, Zucker, Tee etc.

1. BEFOLGEN SIE MIT ALLER EISERNEN STRENGE DAS ERSTE GERÜMPEL MANTRA:

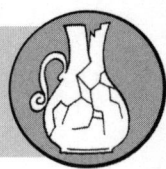

Das erste Gerümpel-Mantra:
WAS KAPUTT IST, GEHÖRT AUF DEN SPERRMÜLL!

Das Kriterium des ersten Mantras ist allein die Funktionstüchtigkeit eines Gegenstands. Zu entscheiden, was kaputt ist, dürfte Sie eigentlich vor keine großen Probleme stellen. Ein Kaffeebecher, dessen Henkel abgebrochen ist, ist eindeutig kaputt. An einem solchen Kaffeebecher verbrennt man sich im Zweifel nur noch die Finger. Ein solcher Becher ist Müll und gehört in die Tonne.

Wir haben den Becher – und mit ihm all die anderen henkellosen Tassen und all die Schalen

Keine Lamentos

„Ooooh, der Kaffeebecher geht doch noch, außerdem hab ich den damals von Tante Martha geschenkt bekommen. Zur Konfirmation."
Solcherlei Lamentos sollten Sie im Keim, also beim Entstehen in Ihrem Kopf, ersticken. Denn wer erstens schon um eine uralte, kaputte Kaffeetasse kämpft, hat das Prinzip der Entrümpelung, des Ballastabwerfens und des Neuanfangs nicht verstanden – und wird scheitern. Und zweitens ist Tante Martha seit 30 Jahren tot.

und Teller, die einen Sprung haben, all die Küchenmesser, deren Griff gebrochen ist, all die kaputten Teesiebe, die defekten Dosenöffner ihrer Bestimmung im Container zugeführt und wenden uns der nächsten Problemzone zu: den technischen Geräten.

Sicher, ihr Kauf damals bedeutete für Ihre Küche den Technologiesprung ins 21. Jahrhundert, aber eine Zitruspresse, die Ihnen wegen eines Wackelkontaktes nur noch an ausgesuchten Tagen die Gnade des frischen Saftes gewährt, gehört nicht mehr in den Küchenschrank, sondern auf den großen Elektrogerätefriedhof.

Den altersschwachen Handmixer, der nur noch auf Stufe zwei einsetzbar ist, weil er bei Stufe drei seltsam zu riechen beginnt und dunkle Rauchwölkchen aus den Belüftungsschlitzen entlässt, soll-

Die Einkaufsliste

Nehmen Sie jedes Utensil aus Ihrer Küche in die Hand und unterziehen Sie es einer genauen Prüfung.

Wenn Sie ein kaputtes Teil aussortieren, notieren Sie seinen Neukauf auf einer Liste. Diese Liste ist aber kein Wunschkonzert! Ob man das betreffende Teil tatsächlich neu anschaffen muss, ist allein von der Antwort auf die Frage abhängig, ob man das betreffende Teil auch wirklich braucht.

ten Sie – auch mit Rücksicht auf Ihren Sicherungskasten – nicht mehr zum Sahneschlagen einsetzen, sondern fachgerecht entsorgen. (In der Regel lohnt sich eine Reparatur von solchen Kleingeräten nicht. Im Zweifel kann man sich aber natürlich von einer Fachkraft einen Kostenvoranschlag machen lassen.)

2. BEFOLGEN SIE NUN MIT ALLER EISERNEN STRENGE DAS ZWEITE GERÜMPEL-MANTRA:

Das zweite Gerümpel-Mantra:
WAS SIE NICHT BRAUCHEN, WIRD VERKAUFT, VERSCHENKT ODER WEGGESCHMISSEN!

Die Frage, ob wir ein betreffendes Utensil wirklich brauchen, stellen wir uns dem zweiten Mantra folgend nun bei allen übrigen Teilen. Nur wenn diese Frage eindeutig mit „Ja" beantwortet wird, findet das betreffende Utensil den Weg zurück in die nunmehr saubere Küche.

In diesem Zusammenhang ist auch immer die Frage nach der Menge zu berücksichtigen. Natürlich brauchen Sie einen Pfannenheber. Sie brauchen für das Zubereiten mehrerer Gänge, zumal wenn sich ein Teil der Pfannenheber in der Spülmaschine befindet, sogar drei oder vier. Aber brauchen Sie sechs? Gut, die letzten beiden Pfannenheber, das war ein Angebot, da konnte man

nicht nein sagen. Aber dafür hätte man die beiden ältesten oder schäbigsten auch entsorgen
können. Die benutzt man nämlich seither überhaupt nicht mehr. Also ab in die Tonne damit!

Und gehört zu den privilegierten Dingen, die in
Ihre saubere Küche zurück dürfen, tatsächlich
auch dieses Teil, mit dem man so bezaubernde
Muster in die gekühlte Butter gravieren kann? Sehr
hübsch eigentlich, war ein Geschenk vom Nachbarn, hat man aber noch nie benutzt, weil man
Muster auf der Butter dann doch irgendwie affig
fand – weg damit, schenken Sie es einer Kolle-
gin oder einem Kollegen.

Der Monster-Wok? Das war damals, vor zehn
Jahren, unheimlich in Mode: asiatisch kochen!
Aber nach ein paar Monaten konnte keiner in der
Familie Ente, Ingwer, geröstete Sesamkörner oder
Sojasauce auch nur mehr riechen – hinfort mit
dieser platzfressenden Ölwanne, bei ebay wird
sich wohl irgendein Asia-Freak ihrer erbarmen.

Und dann die Schrotmühle und der Yoghurt-
bereiter! Mensch, das waren tolle Zeiten, damals
in den Siebzigern, so echt alternativ, das Müsli
war ja auch Weltanschauung. Hat aber die letzten 30 Jahre dann doch nicht überlebt, die Liebe
zum frisch geschroteten Müsli im selbst gezoge-
nen Yoghurt mit Lebendkulturen – also beim
nächsten Flohmarkt verkaufen, an Martin mit dem
Skandinavienpuli.

Tja und dann ist da noch das gute alte Service von KPM, das von Oma, mit dem schönen Apfelmuster. Das ist bestimmt was wert! Ja, bestimmt, aber eben nicht auf Ihrem Tisch, weil es zu Ihrem coolen Designergeschirr so überhaupt nicht passt – ab damit ins nächste Versteigerungshaus für antike Kostbarkeiten. Von dem Erlös können Sie sich dann endlich Ersatz für die angeschlagenen Dessertteller kaufen.

Fazit: Alles, was Sie im Verlaufe des letzten Jahres nicht mindestens einmal gebraucht haben, benötigen Sie nicht. Es ist Gerümpel. Raus aus dem Haus damit!

3. BEFOLGEN SIE NUN MIT ALLER EISERNEN STRENGE DAS DRITTE GERÜMPEL-MANTRA:

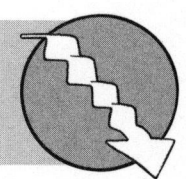

Das dritte Gerümpel-Mantra:
WAS SIE NUR EIN- ODER ZWEIMAL IM JAHR BRAUCHEN, GEHÖRT IN DEN KELLER!

Manche Utensilien lassen sich mit den Kriterien der ersten zwei Mantras nicht messen: Sie sind weder defekt, noch wäre es so, dass man sie überhaupt nicht braucht. Doch solche Kochgeräte sind in der Regel Platzfresser, die in der Küche keinen Platz haben.

Ein Bräter oder ein großer Suppentopf, den man nur ein-, zwei oder dreimal im Jahr braucht, wenn man seine Fußballmannschaft zum Eintopf einlädt, wird fortan eingetütet und damit staubfrei im Keller gelagert. Das gleiche gilt für technische Geräte wie Friteusen, die man nur zwei-, dreimal im Jahr benötigt, wenn man für die Kinder ausnahmsweise mal ein paar Pommes machen möchte. Auch die Nudelmaschine ist alles andere als ein Kleinteil. Und gemessen daran, dass Sie nur alle halbe Jahre, nämlich wenn Gino zu Besuch kommt, Nudeln wirklich frisch durch die Maschine drehen, nimmt sie sehr viel Platz weg. Also packen Sie das teure Teil ein und bringen Sie es in den Keller.

Aber nicht nur selten benutzte Großteile wie Woks und Friteusen verrümpeln Ihre Küche. Auch viele Kleinteile sind wahre Rümpelteufel. Ausstechformen für Weihnachtsplätzchen zum Beispiel werden an ca. 360 Tagen im Jahr nicht wirklich benötigt. 365 Tage im Jahr fallen einem aber Tannenbäume und Christsterne aus dem Schrank entgegen. Also: Ab damit in die Tüte und dann in den Karton mit dem Weihnachtsschmuck.

Das gleiche gilt für Fonduegabeln, wenn man nur an Heiligabend oder Sylvester um den heißen Topf hockt. Halten Sie die Gabeln mit einem Gummi zusammen und deponieren Sie sie gemeinsam mit Topf und Rechaud im Keller.

Küche ohne Chaos

So, das war sehr, sehr tapfer von Ihnen. Das Gerümpel ist entsorgt, die Küche und alle Utensilien sind gereinigt. Jetzt geht's ans Einräumen.
Doch Stopp!
Sie werden Ihre Küche jetzt nicht wieder so einräumen, wie es vorher war, sondern diesmal mit Verstand und Überlegung. Denn in einer unökonomisch eingerichteten und schlecht organisierten Küche werden Sie erstens kein Lob für Kochergebnisse verdienen, sondern allein Kilometergeld für völlig nutzlose Wege, zweitens werden Sie sich beim Kochen Knoten in die Arme rühren und drittens wird sie schneller wieder verrümpeln als Sie sich vom letzten Entrümpeln erholt haben. Und da möge Gott bzw. Ihr Entsetzen vor sein. Also, ein paar Überlegungen sollten Sie beim Einräumen der Küche schon berücksichtigen.

ARBEITS- UND ABSTELLFLÄCHEN

Grundsätzlich gilt: Arbeitsflächen heißen nicht umsonst so! Um auf ihnen arbeiten zu können, müssen sie also frei bleiben. Nur wenige Utensilien oder Geräte haben auf der Arbeitsfläche einer Küche eine Daseinsberechtigung. Zu den Geräten gehören diejenigen, die (fast) täglich benötigt werden: Kaffeemaschine, Wasserkocher, Toaster, Küchenmaschine, Messerblock. Im Bereich des Spülbeckens eine Flasche Spülmittel. Und um die Herdplatte herum haben vielleicht noch eine Öl-flasche, Pfeffer- und Salzmühlen oder -behälter eine Berechtigung, weil sie beim Kochen nahezu jedes Mal zum Einsatz kommen.

Alles, wirklich alles andere hat auf einer Ar-beitsfläche nichts verloren – keine Kaffeebecher, keine Müslikartons, kein Honigglas, kein Koch-buch und kein Zuckerdöschen. Das alles gehört in die Schränke oder Schubladen!

Funktionsinseln einrichten

Damit Sie bei bestimmten Arbeitsgängen nicht Gefahr laufen, sich selbst zu verstümmeln oder völlig überflüssige Wege zurückzulegen, sollten Sie die Dinge ihren Funktionen entsprechend ver-stauen und einrichten. Da wir an dieser Stelle Ihre bereits bestehende Küche einräumen und keine neue Küche einrichten und planen, werden Sie selbst entscheiden müssen, an welcher Stelle die im folgenden beschriebenen Arbeitsstationen in Ihrer Küche am besten anzusiedeln sind. Auch kann man je nach individuellem Zuschnitt der Küche nicht jede Arbeitsstation optimal organi-sieren. Wichtig ist allein, dass man sich über die Funktionszusammenhänge im Klaren ist und ver-sucht, diesen, so gut es geht, gerecht zu werden.

DIE KAFFEE- UND TEESTATION

Eine der wichtigsten Stationen in einer Küche, weil nahezu jeder morgens und/oder nachmittags einen Muntermacher braucht. Doch warum liegen die Kaffeefilter in der Schublade links, warum stehen die Tassen im Hängeschrank rechts, warum steht die Kaffeedose auf der Anrichte und die Kaffeemaschine auf der Fensterbank?

Ordnen Sie einen Bereich in einem der Hängeschränke oder in Ihrem Buffet allein dem Thema Tee und Kaffe zu. Hier bringen Sie Filter, Kaffee- und Teedosen, Tee- und Kaffeekannen alle Tee- und Kaffeetassen, Zuckerdöschen und alle weiteren Utensilien (z.B. Milchaufschäumer) unter. Auch die Kaffeemühle gehört in den Schrank, wenn Sie nur alle drei oder vier Tage auf Vorrat Kaffee mahlen. Nur wenn Sie den Kaffee jedes Mal frisch mahlen, erhält sie die Lizenz für die Arbeitsfläche neben der Kaffeemaschine. Und wenn Sie jetzt nicht quer durch die ganze Küche zum Wasseranschluss laufen müssen, ist der Standort perfekt.

DIE SCHNEIDE-,
WASCH- UND MÜLLSTATION

In diesem Bereich auf der Arbeitsplatte sollte nichts umherstehen, was nicht unmittelbar für die Vorbereitung des Kochgutes notwendig ist wie zum Beispiel der Messerblock.

Der günstigste Standort befindet sich zwischen Herd (und Backofen) und Spülbecken. Von hier aus kann man das auf Schneidebrettern geschälte und geschnittene Gemüse und Obst, das vorbereitete Fleisch und den filettierten Fisch direkt in die Pfannen und Töpfe am Herd geben, ohne weite Wege zurückzulegen, auf denen man in der Regel die Hälfte verliert und dann auf dem Küchenboden zu Matsch zertritt.

Für diese Kochvorbereitungszone ist auch die Nähe zum Spülbecken entscheidend: Gewaschenes Kochgut kann tropfnass direkt auf die Schneidbretter gegeben werden, ohne die halbe Küche unter Wasser zu setzen. Und da sich in den meisten Küchen der Eimer für Küchenabfälle unter der Spüle befindet, können vom Schneidbrett Gemüseschalen und -reste sowie Schnittabfall ohne große Umwege in den Abfalleimer überführt werden.

Hier in der Schneide-Station sollte auch unter den Hängeschränken eine Vorrichtung zum Abrollen von Küchenpapier angebracht sein. Damit können vorzubereitende Lebensmittel trocken getupft werden, frittierte Lebensmittel kann man später auf Küchenpapier an dieser Station abtropfen lassen. Stellen Sie die Papierrolle nicht auf die Arbeitsfläche, hier steht sie im Zweifel eher im Weg und raubt Platz.

DIE LEBENSMITTELSTATION

Nicht allzu weit von der Schneide- und Wasch-
zone, sollte sich der Kühlschrank befinden, von
dem aus man frische Lebensmittel ohne große
Umwege zur Schneide- und Waschstation trans-
portieren kann. Auch Lebensmittelkonserven, bei
deren Öffnung Verpackungsmüll anfällt oder Flüs-
sigkeiten abgegossen werden müssen, sowie Vor-
ratsbehälter mit Lebensmitteln, die man zur
weiteren Verarbeitung noch in der Schneide- und
Waschstation vorbereiten muss, sollten in einem
Hänge- oder Unterschrank ganz in der Nähe der
Schneide- und Waschstation untergebracht sein.

DIE KOCHSTATION

Rund um Herd- und Backofen sollten – in Griff-
weite! – alle Kochutensilien untergebracht werden,
die Sie zum Kochen und Braten benötigen. Während des Kochens werden Sie keine Zeit haben,
nach einem Rührlöffel, Pfannenheber oder Schneebesen zu suchen. Sie sollten in unmittelbarer Nähe
des Herdes in einer mit Einsätzen unterteilten
Schublade untergebracht werden. Und sie sollten
immer genau dort und nirgendwo sonst deponiert
werden (Denken Sie an das erste Ordnungs-Mantra: „Jedes Ding hat seinen Platz!"). Auch Töpfe,
Pfannen und Siebe sollten nicht allzu weit von der
Kochzone entfernt untergebracht sein.

Damit man sich nicht bücken muss, um die Beschriftung zu lesen, sollten Gewürze nach Mög-
lichkeit in einem Hängeschrank auf Sichthöhe in
unmittelbarer Nähe des Kochfeldes untergebracht
werden. Und das möglichst auch noch alphabe-

Mise en place

*„Also, bei mir herrscht beim Kochen geniales Chaos! Ich kann
doch nicht jedes Mal darauf achten, dass die Utensilien immer
wieder da liegen, wo sie hingehören. Das hält doch nur auf!"*
Hört sich gut an, ist aber kompletter Quatsch! Es gibt kein geniales
Chaos. Im Gegenteil, wer einmal in einer Sterne-geschmückten Profi-
Küche zugeschaut hat, weiß, dass vor allem die Verlässlichkeit von Ordnung erheblich dazu beiträgt, ein bestmögliches, kreatives Ergebnis auf
den Teller zu zaubern.

In Profi-Küchen nennt man dieses Ordnungsprinzip „Mise en place",
was nichts anderes als das zweite Ordnungs-Mantra umschreibt: „Jedes
Ding gehört an seinen Platz – immer!" Wenn der Pürierstab nicht immer
genau da steht, wo er immer steht, dann fliegen Töpfe. Und zwar aus
Wut. Wütend ist der, der den Pürierstab suchen muss. Wütend ist er auf
den, der den Pürierstab nach Gebrauch nicht wieder dahin gestellt hat,
wo er hingehört. Denn beim Kochen gibt es immer wieder mal hekti-
sche Phasen. Bis man dann gefunden hat, was man sucht, hat sich das
Champagnersößchen erledigt. Und was für den Pürierstab gilt, gilt für
nahezu alle anderen Utensilien auch.

Darüber hinaus nehmen Sie sich jede Bewegungsmöglichkeit und jeden
Platz auf der Arbeitsfläche, wenn Sie während des Kochens alles stehen und liegen lassen. Küchenutensilien sind entweder in Gebrauch
(und liegen dann griffbereit immer an derselben Stelle) oder in der
Spülmaschine oder dort, wo sie hingehören. In einer Küche steht nichts
einfach nur so rum! „Geniales Chaos" ist lediglich eine schlechte Aus-
rede für einen Mangel an Organisation.

tisch geordnet. (Und wenn Sie ein Gewürz benutzt haben, stellen Sie es sofort wieder an seinen Platz. Denken Sie an das zweite Ordnungs-Mantra: „Jedes Ding gehört an seinen Platz – immer!")

DIE GERÄTE- UND RÜHRSTATION

In einem der Schränke sollten Sie alles technische Gerät unterbringen: Handmixer, Flotte Lotte, Bunsenbrenner, Pürierstab, Käsereiben, Gemüsehobel, Saftpresse, Küchenwaage, technische Zusätze der Küchenmaschine usw. Diese Station sollte am besten in der Nähe jenes Bereiches der Arbeitsplatte untergebracht sein, wo diese Geräte am meisten gebraucht werden und wo am besten auch die Küchenmaschine ihren festen Platz haben sollte.

Auch alle Utensilien zum Anrühren von Dressings, Marinaden und Dips sowie sämtliche Backutensilien sollten in der Nähe dieses Bereiches und in der Nähe der Küchenmaschine untergebracht werden.

DIE SPÜL- UND GESCHIRRSTATION

Sämtliches Essgeschirr ebenso wie das Besteck sollte in der Nähe der Spüle bzw. in der Nähe der Spülmaschine in Schränken und Schubladen seinen Platz finden. Im Spülbecken können so ohne große Umwege Essensreste abgespült werden, bevor man das Geschirr und Besteck in die Spülmaschine stellt. Ist die Spülmaschine durchgelaufen, kann der saubere Inhalt ohne große Umwege weggeräumt werden.

Schränke einräumen

Das Einräumen der Schränke und Schubladen sollte unbedingt der Logik der oben aufgeführten Funktionszentren folgen. Doch es gibt noch ein weiteres Kriterium, das für den Standort eines Utensils und für reibungslose Abläufe in einer Küche wichtig ist: Der Wert eines Küchenutensils wird auch durch die Häufigkeit seiner Nutzung bestimmt.

Unterteilen Sie – abhängig von Ihren individuellen Kochgewohnheiten – alle Dinge in der Küche bzw. innerhalb der einzelnen Funktionszentren danach, wie oft Sie diese Geräte brauchen. Nehmen Sie die Unterteilung in drei Gruppen vor:

GRUPPE A: DINGE, DIE SIE TÄGLICH NUTZEN

Diese Gruppe von Küchenutensilien ist unverzichtbar und sollte immer in Griffnähe der jeweiligen Funktionszentren deponiert werden – also in den oberen Schubladen und in den unmittelbar erreichbaren Schränken. Und dort sollten sie ihren Platz immer im vorderen Bereich finden. Für Dinge des täglichen Gebrauchs sollten Sie sich nicht durch Gegenstände von nachgeordneter Wichtigkeit wühlen müssen.

GRUPPE B: DINGE, DIE SIE WÖCHENTLICH NUTZEN

Alle Utensilien, die Sie nur ein-, zweimal in der Woche nutzen, rücken in der Hierarchie nach unten und nach hinten. Sie finden in den unteren Schubladen und in den Schränken hinter den Dingen des täglichen Gebrauchs ihren Platz.

GRUPPE C: DINGE, DIE SIE MONATLICH NUTZEN

Alles, was Sie nur wenige Male im Monat benötigen, wandert in die Außenbezirke der Küche, also nach ganz außen, nach ganz hinten und nach ganz unten. Wenn Sie viel Platz haben, können auch größere Gerätschaften, die noch seltener gebraucht werden (wie z.B. ein Waffeleisen), in diesen Außenbezirken einen Platz finden. Besser sind solche Geräte allerdings im Keller aufgehoben. Umso übersichtlicher geht es oben in der Küche zu.

Und noch ein letztes Wort zu Hängevorrichtungen...

In vielen Küchen findet man Hängesysteme, an denen man jede Menge Kochutensilien wie Pfannenheber, Schneebesen, Rührlöffel, auch Kaffeebecher und vieles mehr unterbringen kann.

Auch ganze Gewürzregale zum Aufhängen sind sehr beliebt.

Vorteil: In der Nähe der Kochstation angebracht, ermöglichen diese Hängevorrichtungen in der Tat einen schnellen und übersichtlichen Zugriff. Und was an der Wand oder unter Hängeschränken hängt, steht nicht Platz raubend auf der Arbeitsplatte.

Nachteil: In einer Küche und vor allem in Nähe der Kochstation werden fettige Dunstnebel erzeugt, die sich gnadenlos als öliger und nur schwer entfernbarer Schmierfilm auf allen Gegenständen niederlässt, die nicht hinter Schranktüren oder in Schubladen dagegen geschützt sind.

Fazit: Wenn es sich vermeiden lässt, verzichten Sie auf diese Hängesysteme. In der Regel sind es Verlegenheitslösungen, weil man in Schränken und Schubladen keinen Platz mehr findet. Den Platz haben Sie aber jetzt.

Sie haben ja entrümpelt!

Das verrümpelte Home-Office
– ein Bermudadreieck –

„Mooooment mal! Das gibt's doch nicht!! Das Knöllchen hab ich doch bezahlt!!! Vor zwei Wochen oder so. Ich hab doch auch noch irgendwo den Beleg. Dahinten, in dem Stapel unter der Schreibtischlampe... Was schlagen die da jetzt als Mahngebühr drauf? 30 Euro? Das ist ja Wucher! Da ruf ich jetzt aber mal an!"

Tun Sie das! Man kennt Sie bei der Kostenstelle ja bereits. Und zwar bestens. Weil Sie Ihre Knöllchen nie sofort bezahlen. Sondern immer erst nach Mahnung, und nachdem Sie sich aufgeregt haben. Ist immer dasselbe Procedere. Langweilt mittlerweile eigentlich alle!

Der Grund? Nicht dass Sie zahlungsunfähig oder -unwillig wären. Nein, der Grund ist, dass Ihre Knöllchen, so wie alle anderen Rechnungen, Briefe und Unterlagen – ob wichtig oder unwichtig – , zunächst einmal von diesen Papier fressenden Ungeheuern auf und neben Ihrem Schreibtisch verschluckt werden. Diese Ungeheuer nennt man Stapel.

Und was Sie da angeblich vor zwei Wochen bezahlt haben, war nicht das aktuelle Knöllchen, sondern der vorletzte und ebenfalls angemahnte Versicherungsbeitrag. Der Beleg liegt wahrscheinlich tatsächlich da hinten in dem Stapel links unter der Schreibtischlampe. Wahrscheinlich...

„Nein, Stopp! Den Beleg hab ich in eine der Schubladen rechts vom Schreibtisch gelegt. Ich erinnere mich genau."

Ja dann mal zu! Öffnen Sie die Schublade! Oh, klemmt? Zuviel drin? Kann vorkommen. All die Kabel von den Handys, der Tacker und der Locher und die Fotos vom letzten Sommerurlaub, die Werbeprospekte und („...was macht eigentlich der Nussknacker hier drin?") die Lottoscheine und der Taschenrechner. Ja, und die Sparbücher müssen ja schließlich auch irgendwo hin. Und irgendwo hier drin ist – vielleicht – auch der Beleg, den Sie suchen.

Vielleicht liegt er aber auch im Regal. In dem Papierstapel neben den umgefallenen Aktenordnern, unter dem kaputten Anrufbeantworter („Wollte ich immer mal reparieren lassen..."). Aber aufpassen! Nicht dass sich da eins von den (ca. 100) Post-it-Zettelchen an der Stirnseite der Regalbretter löst. Das sind alles ganz wichtige Telefonnummern und Notizen! Ganz wichtig! Und vor allem: Nicht, dass der Stapel aus dem Regal fällt. Dann gerät noch alles durcheinander! Nicht auszudenken!

Schubladen und Stapel im Gerümpelbüro

Die tragenden Säulen eines verrümpelten Home-Office sind zweifelsfrei Stapel. Stapel – auf dem

Boden, auf dem Schreibtisch, im Regal, im Schrank oder wo auch immer – bedeuten den Untergang jedweder Übersicht.

Stapel sind zudem aggressive Wesen, es sind eroberungsdurstige Okkupanten, bemächtigen sich jeden Quadratzentimeters, bis kein freier Platz mehr zu sehen ist (übrigens nicht nur im Bereich des Schreibtisches). Manch ein Hausbewohner weiß die Frage nach Farbe und Material seines Schreibtisches oder des Fußbodenbelags in seinem Arbeitszimmer schon gar nicht mehr zu beantworten – hat er ja seit Jahren nicht mehr gesehen.

Stapel sind raffgierig. Sie reißen alles an sich. Und sie geben in der Regel nichts mehr von ihrer Beute her, jedenfalls nicht das, was man braucht. Sicher, wenn man in einem Stapel etwas sucht, wird man immer fündig. In den seltensten Fällen findet man jedoch, was man sucht. Man findet irgendwas. Irgendwas, was man vor Monaten mal hätte brauchen können. Fazit: Was Opfer eines Stapels wird, geht ein ins Land des Vergessens – Knöllchen, Rechnungen, Tageszeitungen, Versicherungs- und Steuerunterlagen, Kontoauszüge und Prospekte.

Stapel statten sich zudem mit raffinierten Verteidigungsanlagen aus: zwischen Stapeln finden sich nämlich gerne auch halbvolle Kaffeebecher oder unverschlossene Saftflaschen oder ähnli-

ches. Wer sich einem Stapel mit feindlicher Such-Absicht nähert, läuft höchste Gefahr, eines der Gefäße umzustoßen. Und wer dann damit beschäftigt ist, die verursachte Sauerei trockenzulegen, denkt nicht mehr ans Suchen! Feind besiegt! Es lebe der Stapel!

Letzte Verteidigungseinrichtung eines Stapels ist die ultimative Selbstvernichtung: Eine falsche Bewegung des Suchenden und er fällt um, der Stapel. Andere Stapel mit sich reißend. Ein wahres Stapel-Inferno auslösend.

Das gleiche gilt für Schubladen, in denen sich ganze Universen von Utensilien und Papierkram zu einem fröhlichen Stelldichein versammeln. Auch Schubladen sind raffgierig, verschlingen alle kleinen und großen Gegenstände, die man Ihnen in den Schlund wirft. Und die sich bei jedem Versuch, die Schublade zu öffnen, aufbäumen und widerspenstig den Mechanismus versperren und verklemmen.

Stapel und verstopfte Schubladen sind ab heute Staatsfeind Nr. 1. in Ihrem privaten Arbeitszimmer oder im Bereich Ihres Schreibtisches. Stapeln und verstopften Schubladen geht es jetzt an den Kragen. Sie besitzen mit diesem Buch nämlich die Lizenz, sie zu vernichten, aufzulösen und in die übersichtliche Struktur von Ordnungssystemen zu verbannen. Jetzt ist Schluss mit lustig!

Der große Gerümpel-Home-Office-Befreiungsschlag

Der Arbeitsplatz bzw. das Arbeitszimmer in Ihrem Haus oder in Ihrer Wohnung stellt die Schaltstelle Ihrer privaten Administration dar. In Ihrem Home-Office geht es um Geld (Rechnungen, Bankangelegenheiten, Geldanlagen), um Sicherheit (Versicherungen, Rente), um Ihre Rechenschaftspflicht gegenüber dem Staat (Steuern), nicht selten auch um berufliche Dinge, die Sie zu Hause noch nacharbeiten müssen oder wollen, und um vieles mehr.

Die kostbare Zeit, die man mit dem elenden Suchen nach fälligen Rechnungen, Bußgeldbescheiden, Rentenunterlagen, nach Versicherungsunterlagen, Garantien, Steuer-, Bewerbungs- oder beruflich genutzten Unterlagen verbringt, kann man so viel besser verbringen (Kulturwoche in Cadolzburg! Siehe S. 15). Das durch Ordnung gesparte Geld kann man für so viel Interessanteres ausgeben als für Mahngebühren.

Das Chaos Ihrer privaten Lebensverwaltung fortan zu verhindern bzw. Übersicht und Klarheit herzustellen, darum wird es im Folgenden gehen. Es geht um einen Befreiungsschlag. Und dazu bedarf es natürlich zunächst einmal einer herzlichen Entrümpelung. Anschließend reicht die Herstellung einer einfachen, aber durchdachten Grundordnung, um den ganzen Verwaltungsballast des Alltags in den Griff zu bekommen. Doch zunächst einmal machen wir jetzt reinen Tisch.

Schritt eins: Tabula rasa!

„Tabula rasa machen" heißt nichts anderes, als reinen Tisch zu machen, einen Neuanfang zu wagen. Und das nehmen wir jetzt wörtlich: Räumen Sie Ihren Schreibtisch komplett leer! Leeren Sie auch Ihre Regale! Und zwar alle!

Räumen Sie Stapel für Stapel ab. Zu große Stapel tragen Sie in zwei Schritten ab. Egal, was Ihnen in die Finger kommt: Legen Sie Ihr gesamtes Büro auf den Boden des Arbeitsraumes (Sofern er groß genug ist und Sie sich anschließend noch unfallfrei bewegen können. Sonst legen Sie alles auf den Boden im Wohnraum.)

Trennen Sie dabei alles, was Papier ist (also alle Briefe, Zettel, Zeitungen, Umschläge, Prospekte, Hefte etc.) von Gegenständen, die nicht aus Papier bestehen (also Fotorahmen, Bilder, Stifte, Lineale, Radiergummis, Stiftebecher, Zettelboxen, Brief- oder Scherenhalter, Tischuhren etc.) Bücher legen Sie zunächst in eine Extra-Ecke.

Das Einzige, was auf dem Schreibtisch stehen bleiben kann, ist der Computer (nebst Drucker)

und das Telefon. An deren Existenzberechtigung am Schreibtisch braucht niemand zu zweifeln. Zuletzt räumen Sie nach dem gleichen Prinzip die Schränke und Schubladen aus. Komplett! Und alles, was da jetzt vor Ihnen auf dem Boden liegt, werden Sie alsbald, wie in der Küche, in die Hand nehmen und der gewissenhaften Prüfung durch die Gerümpel-Mantras unterziehen.

Schritt zwei: Saubermachen

Doch zunächst unterziehen Sie den Schreibtisch, die leergeräumten Regale und Schränke sowie die leergeräumten Schubladen einer eingehenden Säuberungsaktion. Wischen und wienern Sie alles so lange, bis es blitzt und blinkt. Wenn Ihre Arbeitsplatte es wert ist, scheuen Sie nicht den Einsatz von Politur oder anderen Spezialpflegemitteln. Verabreichen Sie als Wiedergutmachung für all das Elend, das Ihrem Schreibtisch in all den Jahren der Missachtung widerfuhr, eine First-Class-Wellnesskur.

HOCHGEFÜHL!
EIN SAUBERER UND LEERER SCHREIBTISCH

Und jetzt kommt's. Das Hochamt! Jetzt nämlich nehmen Sie sich ein wenig Zeit, setzen sich auf Ihren Schreibtischstuhl und genießen vor allem eins: den restlos blanken und sauberen Schreibtisch! Es mag lächerlich klingen, aber für die meisten Menschen, die jahrelang unter all den Stapeln, Kaffee- und Aschenbechern, unter all den Gerümpelbergen Ihren Schreibtisch gar nicht mehr erkennen konnten, gehört dieser Moment zu den erhabensten der gesamten Entrümpelungsaktion des Arbeitszimmers: Voller Ehrfurcht sollten Sie diese Messe zelebrieren, diesen Moment kontemplativer Ruhe. Sie sitzen vor Ihrem Schreibtisch. Und er wird Ihnen wie ein Sinnbild Ihres neuen, entrümpelten Lebens vorkommen: Denn er ist rein, er ist klar und sauber und übersichtlich! Er ist LEER! ENTRÜMPELT!

Und so soll es bleiben. Doch dazu muss in einem zweiten Schritt, alles, was auf dem Boden liegt, kräftig ausgemistet werden.

Schritt drei: Ausmisten

Was für die Küche gilt, gilt auch für Ihr Home-Office. Es folgt der große Kraftakt des Entrümpelns mit Hilfe der drei Gerümpel-Mantras.

1. PAPIER- UND ZETTELKRAM MIT DER DREI-FELDER-METHODE AUSMISTEN!

Als erstes sollten Sie sich den auf dem Boden liegenden Papierbergen widmen. Teilen Sie Ihren Fußboden oder Ihren Schreibtisch zunächst in drei Felder auf. Und zwar nur in drei! Es wird keine Zwischenfelder und keine Felder vier oder fünf geben!

Feld eins: Akut! In das erste Feld werden Sie im Folgenden alle Schriftstücke legen, die unbedingt und bald erledigt werden müssen, die also eine Bearbeitung Ihrerseits in absehbarer Zeit erfordert: Rechnungen, Anfragen von Versicherungen, Vermietern, Universitäten, Schulen, Notizzettel mit Terminen, aktuelle Prospekte (nur die, die Sie wirklich benötigen!) etc.

Feld zwei: Ablage! In das zweite Feld werden Sie im Folgenden jedes Stück Papier legen, das aufgehoben oder gar archiviert werden sollte: Steuerbescheide oder –unterlagen, aktualisierte Versicherungsnachträge, (steuerrelevante) Bankunterlagen (Kontoauszüge), Darlehens- oder Kreditunterlagen, Vermögensanlagen sowie Handwerkerrechnungen (für Garantie- oder Regressforderungen), die Zeugnisse Ihrer Kinder, Notizzettel mit Telefonnummern, Garantieunterlagen, bereits bezahlte steuer- oder garantierelevante Rechnungen, Bewerbungsunterlagen und vor allem berufliche Unterlagen etc.

Feld drei: Abfall! Das dritte Feld ist das wichtigste und das schmerzhafteste. Sie werden im Folgenden nämlich jeden Zettel, jeden Brief, jeden Prospekt, jedes Stück Papier in die Hand nehmen, mit einem Blick feststellen, ob es einer akuten Reaktion bedarf, ob es aufgehoben werden **muss**

– oder ob es Abfall, also Gerümpel ist. Und Sie dürfen davon ausgehen: 80 bis 90 Prozent Ihrer Papierstapel sind Müll! Gerümpel! Weg damit! Es gelten, im übertragenen Sinne, nämlich auch bei Papierstapeln

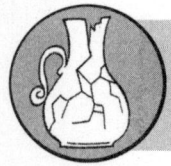

das erste Gerümpel-Mantra:
WAS KAPUTT IST, GEHÖRT AUF DEN SPERRMÜLL!

und...

das zweite Gerümpel-Mantra:
WAS SIE NICHT BRAUCHEN, WIRD VERKAUFT,
VERSCHENKT ODER WEGGESCHMISSEN!

„Kaputt" ist ein Schriftstück, wenn es keine konkrete Funktion erfüllt (Information oder Nachweis)! Und was keine konkrete Funktion erfüllt, brauchen Sie auch nicht.

Also weg mit der Tageszeitung von letzter Woche (Nichts ist so alt wie die Zeitung von gestern!), weg mit dem Kassenbon vom Gemüsehändler, weg mit dem Werbeprospekt mit Angeboten vom Dezember letzten Jahres, weg mit den abgelaufenen Garantieunterlagen und mit den Bedienungsanleitungen von kaputten Geräten, die Sie gar nicht mehr besitzen (Haben

Sie dem ersten Gerümpel-Mantra folgend ja bereits entsorgt!), weg mit den leeren Briefumschlägen, weg mit dem zwei Jahre alten Zeitungsartikel, den Sie nie mehr lesen werden (Ehrlich, Sie werden es nicht tun!), weg mit der alten Weihnachtskarte, weg mit dem längst verfallenen Terminzettel vom Zahnarzt und weg mit dem alten Bierdeckel (Sie wissen doch gar nicht mehr, von wem die Telefonnummer neben den 20 Strichen stammt!) etc.

Das ganze dritte Feld werden Sie im Anschluss komplett und sofort und ohne Umwege in der blauen Tonne entsorgen.

So, und jetzt sind Sie und Ihr Arbeitsplatz um eine gefühlte Tonne leichter. Ein verdammt gutes Gefühl!

Den Rest des Home-Office ausmisten.

Nunmehr wenden wir uns all jenen Gegenständen zu, die in einem durchschnittlichen Home-Office sonst noch so in Schubladen und Schränken und auf Schreibtischen Ihr Leben verstopfen. Ob das einzelne Teil wirklich gebraucht wird, welchen Stellenwert es hat, ob es also täglich oder doch zumindest wöchentlich/monatlich gebraucht wird und ob es deswegen eine wirkliche Existenzberechtigung hat, können Sie erneut mit Hilfe der drei heiligen Gerümpel-Mantras entscheiden.

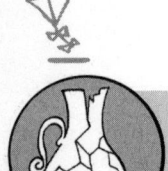

Da ist zunächst

das erste Gerümpel-Mantra:
WAS KAPUTT IST, GEHÖRT AUF DEN SPERRMÜLL!

All diese kaputten Kugelschreiber, diese billigen Werbegeschenke, all die vertrockneten Einwegfilzschreiber, alle Bleistiftstümpfe, die einem beim Schreiben aus den Fingern rutschen, alle stumpfen Scheren und angebrochenen Lineale etc. haben in Ihrem neuen entrümpelten Reich keinen Platz mehr.

Und: Nein, das defekte Diktiergerät werden Sie in diesem Leben nicht mehr benutzen. Und auch nicht mehr repariert bekommen, weil eine solche Reparatur teurer als ein neues Gerät ist und weil solche Geräte mittlerweile digital funktionieren. Mit Kassetten arbeitet man heute nicht mehr – auf den Müll damit.

> Prüfen Sie die Existenzberechtigung eines jeden Kugelschreibers!

Auch das kaputte Handy ist Elektronikschrott! Sie haben doch schon längst ein neues! Und mit der Verlängerung Ihres Vertrages bekommen Sie in zwei Jahren schon wieder ein neues, mit dem neuesten Standard! Also weg mit dem alten Teil!

Wichtig im Büro ist natürlich aber auch

das zweite Gerümpel-Mantra:
WAS SIE NICHT BRAUCHEN, WIRD VERKAUFT, VERSCHENKT ODER WEGGESCHMISSEN!

Wenn Sie das alte Handy entsorgen, lassen Sie auch sein altes Ladekabel direkt mit in den Sondermüll wandern. Es ist nämlich mit Ihrem neuen Handy nicht kompatibel und das wird es auch nicht mit dem übernächsten sein. Sie werden zu jedem neuen Handy zudem ein neues passendes Ladekabel erhalten – ob Sie wollen oder nicht.

Und die Magnete für die längst entsorgte Pinwand? Was wollen Sie damit? Sind überflüssig, haben Sie seit zwei Jahren nicht mehr in der Hand gehabt, verstopfen nur Ihre Schublade. Nein, Sie werden in diesem Leben vermutlich nie wieder Magnete benötigen. Weg damit!

Und das transportable Navigationsgerät ist, seit Sie in dem neuen Auto ein eingebautes Navi haben, auch restlos überflüssig. Haben Sie seit einem Jahr nicht mehr gebraucht. Verstopft nur Ihr Regal. Verkaufen Sie es übers Internet oder verschenken Sie es an den Studenten von nebenan. Der wird sich ein Loch in den Bauch freuen.

Und natürlich gilt auch im Büro

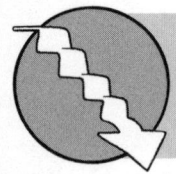

Wie oft bauen Sie eigentlich noch Dia-Leinwand und Projektor auf, um sich die Urlaubsfotos aus den Siebzigern anzuschauen? Alle zwei Jahre? Nein? Ach so, nur alle fünf Jahre. Müssen Sie jetzt deswegen aber nicht wegschmeißen, nein, das nicht. Man hängt ja dran. Aber die Dia-Sammlung gehört nicht ins Schreibtischregal und nicht in den Schrank Ihres Arbeitszimmers. Die gehört in den Keller, mitsamt Diaprojektor und Leinwand.

Das gleiche gilt für Werkzeug: Sie benötigen den elektrischen Schraubenzieher doch nur ein- bis zweimal im Jahr! Welche Berechtigung hat also dieses Monster, wertvollen Stauraum in einer Schreibtischschublade für sich zu beanspruchen? Ab in den Keller oder in die Werkzeugkiste im Abstellraum!

Bücher entrümpeln
– EIN WEITES FELD!

Ob im Arbeitszimmer, im Wohnraum oder wo auch immer Bücher ihr Dasein fristen: zum Bersten gefüllte Bücherregale auszulichten und zu entrümpeln, also Bücher der Altpapiertonne zu überantworten oder – an wen auch immer – zu verschenken, gehört nicht selten zu den schwierigsten Entrümplungs-Aufgaben, bei denen man die höchsten Hürden zu überwinden hat. Und die Hürden werden mit zunehmendem Bildungsgrad immer höher. Die Gründe dafür sind vielfältig und nachvollziehbar:

1. Bücher, ordentlich in einem Regal stehend, sehen dekorativ aus. Nicht umsonst bewahrt man sie in der Regel in offenen Regalen auf.
2. Mit bestimmten Büchern verbindet man tiefe emotionale Erfahrungen. Solche Bücher wegzuwerfen, käme einem wie Verrat an der eigenen Seele vor.
3. Bestimmte Bücher haben einem den Weg in den Beruf geebnet. So manche Fachbuchseite, über der man für sein Examen oder seine Doktorarbeit besonders gebrütet hat, weist eindeutige Spuren von Verzweiflungstränen und Angstschweiß auf.
4. Und nicht zuletzt signalisieren Bücher ihren Besitzern und vor allem deren Besuchern einen gewissen Bildungsgrad. Bücher stehen für Kultur, Offenheit und Welterfahrung.

**So was schmeißt man nicht
leichten Herzens weg!**

Das muss man aber hin und wieder. Es sei denn, man gehört zu den wenigen Glückseligen, die allein für ihre Bücher über Räumlichkeiten von den Ausmaßen einer Universitäts- oder Landesbibliothek verfügen. Für alle anderen gilt: Auch Bücher können Gerümpel sein!

Es gilt also auch bei Büchern

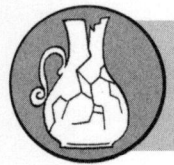

das erste Gerümpel-Mantra:
WAS KAPUTT IST, GEHÖRT AUF DEN SPERRMÜLL!

Bücher, die restlos vergilbt, abgegriffen, zerrissen, zerfleddert, mit einem Wort: kaputt sind, gehören zum Altpapier. Wenn sie wirklich wichtig sind, kann man sie nachkaufen. Ob sie wirklich wichtig sind, werden sie daran merken, ob Sie sie auch nach einer Woche noch vermissen.

Und es gilt auch für Bücher

das zweite Gerümpel-Mantra:
WAS SIE NICHT BRAUCHEN, WIRD VERKAUFT,
VERSCHENKT ODER WEGGESCHMISSEN!

Fachliteratur zum Beispiel veraltet relativ schnell, egal ob es Bücher oder Aufsätze sind. Das Wissen der Welt wird unablässig mehr und erweitert sich von Jahr zu Jahr um ein Vielfaches. Ihre

Einwand!

„Wie bitte? Ich soll meinen Hesse entsorgen? Den hab ich mit 17 gelesen. Hab geheult wie eine Gießkanne! Der bleibt! Bis ans Ende aller Tage!"

Tja, genau. Den haben Sie mit 17 gelesen, den Hesse. Und geheult. Tun Sie sich selbst den Gefallen: Greifen Sie jetzt noch mal zu Ihrem Hesse. Und lesen Sie! Heulen Sie jetzt auch? Nein? Können Sie jetzt mit Ihrem Hesse gar nichts mehr anfangen? Na, also, dann verschenken Sie Ihren Hesse doch. Vielleicht wollen ja jetzt mal andere heulen.

„Elektronikbibel" aus den frühen Achtzigern – wie sehr sie Ihnen damals bei der Umschulung auch geholfen haben mag – ist Schrott, Datenmüll, Wissen von vorgestern. Weg damit! Dafür haben Sie keinen Platz!

Für die schöngeistige Literatur, für die leichte Unterhaltung, für alle Bildbände gilt die Frage: Ist es wirklich seinen Platz im Regal wert? Also: Hängt mein Herz wirklich noch an diesem oder jenen Grass? An diesem oder jenen Hesse? War das damals nicht doch nur so eine Phase?

Alle Bücher, die bei dem Versuch, sie zu entsorgen, keine seelischen Höllenqualen hervorrufen (es sind in der Regel weit weniger, als Sie glauben), sollten Sie im Freundeskreis verschenken (Bücher zu verkaufen, lohnt kaum den Auf-

wand), oder in eine Kiste packen, in den Haus-
flur stellen und den übrigen Mietern als Präsent
anbieten – oder in die blaue Tonne werfen.
Für bestimmte Fachbücher gilt

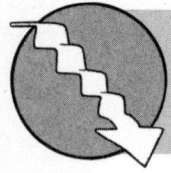

das dritte Gerümpel-Mantra:
WAS SIE NUR EIN- ODER ZWEIMAL IM
JAHR BRAUCHEN, GEHÖRT IN DEN KELLER!

Aktuelle Fachliteratur, die Sie – womöglich beruflich – nur das ein oder andere Mal im Jahr benötigen, sollte keinen Platz in der Wohnung in
Anspruch nehmen dürfen. Lagern Sie solche Bücher in den Keller aus. Der Weg dorthin sollte ein
bis zwei Mal im Jahr zumutbar sein.
Anschließend gilt: Für jedes Buch, das Sie neu
kaufen oder geschenkt bekommen und behalten wollen, wird ein altes weichen müssen! Gnadenlos! Müllen Sie Ihre Regale nie wieder mit
Büchern zu!

Home-Office ohne Chaos

So, Sie haben sich jetzt kräftig freigerümpelt! Gra-
tulation! Was da jetzt noch vor Ihnen auf dem
Boden bzw. auf den verbleibenden Feldern Ihres
Schreibtisches liegt, muss nun nur noch sinnvoll

und vor allem Platz sparend verstaut werden. Es ist an dieser Stelle allerdings unmöglich, Sie an die Hand zu nehmen und detaillierte Tipps für Ihre spezifische Büro-Organisationsstruktur zu geben: Zu unterschiedlich sind die individuellen Anforderungen an ein Home-Office, zu unterschiedlich die Mengen der abzulegenden Dokumente, zu unterschiedlich die räumlichen Möglichkeiten für Ordnungssysteme etc. Doch eins ist allen Büros gleich, selbst den beruflich genutzten und egal, wie groß sie sind: Ihre Funktionalität richtet sich nach bestimmten Ordnungsprinzipien, die nahezu überall anwendbar sind. Und die sollen im Folgenden als Anregung kurz vorgestellt werden.

Richten Sie Themeninseln ein!

Ob im Aktenregal, in Hängeregistraturen, in Schubladen oder Aufbewahrungsboxen: Sie erleichtern sich die Suche nach Dokumenten und das Ablegen von Dokumenten gewaltig, wenn Sie Themeninseln einrichten.

Kontoauszüge, Kreditunterlagen, Unterlagen zu Vermögensanlagen und zur Vermögensverwaltung sollten in einem oder mehreren Ordnern nebeneinander angeordnet werden – in der Themeninsel „Geld".

In der Themeninsel „Versicherungen" sollten all die Aktenordner mit Unterlagen zu staatlichen

> Was in der Küche eine Funktionsinsel, ist im Büro eine Themeninsel!

und privaten Rentenversicherern in unmittelbarer Nähe zu den Unterlagen von Lebensversicherungen untergebracht werden, die wiederum in der Nähe zu allen anderen Versicherungen.

In einer Schublade oder Aufbewahrungsbox sollten Sie unter der Themeninsel „Computer" alle Utensilien wie externe Festplatten, USB-Sticks, CD-Roms, Spielekonsolen etc. aufbewahren.

Eine weitere Schublade widmen Sie dem Thema „Papier". Hier können Sie Druckerpapier, Briefbögen und Briefumschläge etc. aufbewahren. Usw...

Alle Aktenordner, Aufbewahrungsboxen und Schubladen sollten natürlich eine deutlich lesbare und wirklich aktuelle Beschriftung aufweisen und in ihrem Inneren – wenn möglich – chronologisch oder thematisch geordnet sein.

Gleichen Ordnungsprinzipien sollten auch die Bücherregale unterworfen werden. Unterteilen Sie Fachliteratur nach Themen, Unterhaltungs- und schöngeistige Literatur nach Autoren und Zeit oder alphabetisch.

Den Stapel auf den Kopf gedreht
- AKTENORDNER UND HÄNGEREGISTRATUREN

Es sind die bekanntesten und einfachsten und funktionalsten Aufbewahrungssysteme für Dokumente: Aktenordner und Hängeregistraturen. Hängeregistraturen kann man sogar in Schubla-

Steuerbelege
– ab in die Box –

Eigentlich gilt natürlich auch für Steuerangelegenheiten das zweite Ordnungs-Mantra: Jedes Ding gehört an seinen Platz – immer! Doch seine Steuerbelege sofort und bei jeder Gelegenheit in einem entsprechenden Ordner thematisch sauber zugeordnet abzuheften, kann – je nach Umfang der relevanten Belege – im Alltag wirklich aufhalten und nerven. Sich dem Ordnungs-Mantra in diesem Fall einmal nicht in aller Konsequenz zu unterwerfen ist nicht ehrenrührig.

In diesem Fall sollte man sich entweder eine Aufbewahrungsbox zulegen, in der man über das ganze Jahr alle Belege sammelt, um sie am Jahresende dann für die Steuererklärung entsprechend zu sortieren, oder man ordnet den Steuerbelegen sogar eine eigene Schublade zu.

Hier kommen aber ausschließlich – wirklich ausschließlich – steuerrelevante Belege rein! Keine Notizzettel, keine Gebrauchsanweisungen, keine Tempotaschentücher!

densystemen integrieren und damit optisch verschwinden lassen. Sich Ihrer nicht zu bedienen wäre sträflich. Und das Prinzip ist denkbar einfach: Man dreht mit diesen Ordnungssystemen nämlich einfach die allseits so beliebten aber völlig chaotischen Stapel von der Horizontalen in die Vertikale. Allein durch diese Drehung lassen sich nunmehr die darin enthaltenen Dokumente sinnvoll (chronologisch oder thematisch) ordnen, und der schnelle Zugriff ist gewährleistet.

Einfacher geht es nicht. Und wer das bürotypische Grau dieser Ordnungssysteme für den im Wohnraum befindlichen Schreibtisch nicht mag – es gibt auch kunterbunte Varianten!

Nie wieder in Papierbergen untergehen!

Verwaltungsfachleuten zufolge sind gut 80 Prozent aller aufbewahrten Unterlagen in einem Haushalt völlig irrelevant! Fragen Sie im Zweifel die jeweiligen Ansprechpartner (Steuerberater, Versicherungsmakler, Notare oder Anwälte etc.),

Lassen Sie Ihre Ordner vom Fachmann entrümpeln! welchen Schriftsatz, welche Korrespondenz, welches Dokument wie lange wirklich aufbewahrt werden muss und was Sie getrost wegwerfen können. Nehmen Sie zum nächsten Besprechungstermin ruhig Ihren Aktenordner mit und bitten Sie Ihren Gesprächspartner, Ihren Aktenordner fachmännisch zu entrümpeln. Sie werden erstaunt sein: Es fällt umwerfend viel Papiermüll an, den man nach Kenntnisnahme einfach im Papierkorb entsorgen kann.

Und der erste Schritt gegen das Papierchaos besteht in der intelligenten Positionierung von Abfallkörben allein für Papier: Direkt am Briefkasten aufgestellt, wandert dort alles hinein, was nach kurzer Inaugenscheinnahme Müll ist. Am Schreib-

„Ablage", „Aktuelle Vorgänge"
und „Rechnungen/Korrespondenz"
– auch ab in die Box –

Wie gesagt, an und für sich gelten auch im Home-Office die beiden Ordnungs-Mantras: Jedes Ding hat seinen Platz! Und: Jedes Ding gehört an seinen Platz – immer! Doch jede Rechnung sofort zu überweisen und abzulegen, jede Info-Post, jeden Kontoauszug, jede Korrespondenz immer und sofort bei Betreten der Wohnung als erstes zu beantworten oder im entsprechenden Ordner abzuheften, herrje, dafür hat man halt manchmal keine Zeit und keinen Nerv!

OK, stimmt. Und wir wollen nicht päpstlicher sein als der Papst. Aber das ist kein Grund, sich regressiv in alte Stapel-Gewohnheiten zurückfallen zu lassen.

Abteilung „Ablage": Es wäre bestenfalls ein Grund, für alle abzuheftenden Dokumente (inkl. derjenigen, die jetzt noch in Feld Zwei auf ihrem Schreibtisch liegen) eine nicht zu große und mit „Ablage" beschriftete Aufbewahrungsbox aufzustellen oder ein Fach in der Hängeregistratur einzurichten, in der man solche Dokumente sammelt, um sie einmal (!) die Woche in ihre jeweiligen Ordner zu verdammen. Am besten an einem fixen Termin, beispielsweise immer sonntags, am späten Nachmittag. Dann startet man aufgeräumt in die Woche!

Abteilung „Rechnungen/Korrespondenz": Eine weitere Box oder Abteilung in der Hängeregistratur richtet man mit der Beschriftung „Rechnungen/Korrespondenz" ein. Hier finden all jene Papiere eine Heimstatt, die Sie beim Papier-Entrümpeln im „Feld Eins: Akut" auf Ihrem Schreibtisch abgelegt haben. Hier finden zukünftig all die Rechnungen und Anschreiben eine Unterkunft, die eine schnelle und einmalige Reaktion erfordern. Auch dieses kleine Sammellager sollte man (mindestens!) einmal die Woche leeren, um die fälligen Beträge zu überweisen bzw. eine Antwort auf Anfragen zu erteilen. Auch das geschieht am besten an einem fixen Termin.

Abteilung „Aktuelle Vorgänge": Und eine weitere Box, Schublade oder Abteilung in der Hängeregistratur sollte man für „Aktuelle Vorgänge" reservieren, die einen auf absehbare Zeit immer mal wieder beschäftigen werden und für die man nicht immer wieder den Aktenordner aus dem Regal holen möchte.

Viele Vorgänge allerdings benötigen nach Erledigung noch nicht einmal einen Aktenordner oder ein wie auch immer geartetes Archiv. Sie sind nach Erledigung einfach abgeschlossen und können direkt entsorgt werden. Auch diese Vorgänge können in der Box „Aktuelle Vorgänge" zwischengelagert werden.

Die Dokumente oder Korrespondenz der einzelnen Vorgänge sollte man in Klarsichthüllen aufbewahren. Diese Klarsichthüllen halten die einzelnen Papiere zusammen und trennen sie griffbereit von den anderen Vorgängen in Klarsichthüllen.

tisch dann wandert dort alles hinein, was bei näherem Hinschauen bzw. nach Kenntnisnahme ein Fall fürs Altpapier ist.

Die Nutzfrequenz bestimmt den Standort!

Je öfter ein Gegenstand benutzt wird, desto griffbereiter sollte er platziert sein. Ein Kugelschreiber beispielsweise oder anderes Schreibgerät sollte immer im Zentrum des Geschehens, also auf dem Schreibtisch neben einem Papierblock für Notizen liegen.

Je seltener Sie jedoch ein Utensil benötigen, desto weiter entfernt sich der Aufbewahrungsstandort vom Benutzerzentrum. Wenn Sie nur einmal die Woche eine Schere benötigen, kann sie in der Schublade für „Büro-Utensilien" eher hinten angeordnet werden. Der Locher, den Sie jeden zweiten Tag brauchen, sollte in derselben Schublade vorne angeordnet sein.

Dieses Ordnungsprinzip gilt für Kleinteile in der mit Einsätzen übersichtlich unterteilten Schublade ebenso wie für Bücher und Aktenordner. Ziel ist es, die Schreibtischplatte grundsätzlich so frei wie möglich von allem zu halten, was nicht unmittelbar benötigt wird!

Und vor allem: Bei jedem Büro-Utensil, das Sie zukünftig in die Hand nehmen, immer an das

erste Ordnungs-Mantra:
JEDES DING HAT SEINEN PLATZ!

und das

zweite Ordnungs-Mantra:
JEDES DING GEHÖRT AN SEINEN PLATZ – IMMER!

denken!

Und bereiten Sie der Zettelwirtschaft endlich ein Ende!

Ein für allemal: Übersäen Sie Ihren Schreibtisch und Ihr Regal nicht mit tausenden von Notiz- und Post-it-Zettelchen, auf denen Sie Telefonnummern oder Adressen oder Termine oder was auch immer notieren.

Termine schreiben Sie fortan direkt in einen offen auf dem Schreibtisch liegenden Terminkalender. Telefonnummern geben Sie direkt in Ihr Handy, Ihr Festnetztelefon, Ihren Computer ein oder notieren sie in Ihrem Telefonbuch. Und Gesprächsnotizen heften Sie demnächst sofort in dem entsprechenden Aktenordner ab oder legen sie in die entsprechende Klarsichthülle aus der Box „Aktuelle Vorgänge".

Auch Pinwände, diese unsinnigen Pseudo-Ordnungsinstrumente, verbannen Sie aus Ihrem Umfeld! Nach nicht allzu langer Zeit, sind diese nämlich genauso wie der Schreibtisch restlos verrümpelt, übersät mit Zettelchen und Fotos und Postkarten. Und an einer verrümpelten Pinwand findet man genauso wenig, wie auf einem Gerümpel-Schreibtisch. Verschenken Sie das Teil. Sollen doch andere daran suchen, bis sie schwarz werden!

Ein letzter Tipp: Räumen Sie Ihren Schreibtisch auf – immer!
ODER: ES GIBT KEIN GENIALES CHAOS – AUCH AM SCHREIBTISCH NICHT!

Jeder Arbeitsvorgang am Schreibtisch hinterlässt irgendwelche Spuren. Beseitigen Sie diese Spuren nach getaner Arbeit jedes Mal und sofort. Spätestens jedoch abends. Liegen bleiben (allerdings nur ordentlich sortiert) darf bestenfalls, was am nächsten Morgen zur Fortsetzung eines abends unterbrochenen Vorgangs garantiert wieder gebraucht wird. Ansonsten sattelt man am nächsten Tag auf die Hinterlassenschaften des vorhergegangenen Arbeitsvorganges die Hinterlassenschaften des nächsten. Das Ergebnis: Aufgeschlagene Bücher liegen kreuz und quer verteilt, Zettel, Notizen, Kalender, Stifte, Kaffeetassen, Brillen, Briefe und Fernbedienungen, CDs

und Zeitungen richten eine heillose Unüber-
sichtlichkeit an.

Manch einer nennt das dann „geniales Chaos"!
Und das ist ein ebenso großer Blödsinn wie das
Gerede von Amateurköchen vom „genialen
Chaos" beim Kochen: Es gibt kein geniales Chaos.
Es gibt bestenfalls Genies, die trotz allen Chaos'
noch erstaunliche Leistungen erzielen können.

Sie jedoch, liebe Leserinnen und Leser, Sie sind
keine Genies! Für Sie gilt, was für Millio-
nen andere auch gilt: Per aspera ad astra!
Sie werden sich die Mühen der Selbst-
disziplin, der Ordnungsprinzipien, des permanenten Entrümpelns nicht ersparen

Für die meisten Menschen gilt: Per aspera ad astra!

können, wenn Sie Ihr Leistungspotential, in welchen Lebensbereichen auch immer, abrufen wollen, wenn Sie frei sein wollen vom Ballast des
Alltags, wenn Sie durchatmen und wieder Durch-
blick haben wollen!

Zwischenbilanz

Sie haben nun das Entrümpelungs-Prinzip anhand von zwei Beispielen recht ausführlich vorgestellt bekommen. Und wenn Sie sich bis hierher wirklich gnadenlos den drei Gerümpel-Mantras unterworfen haben, mit anderen Worten: Wenn Ihre Mülltonnen draußen zum Bersten gefüllt sind, dann gebührt Ihnen alle Hochachtung. Tapfer, tapfer! Sie sind ein Held! Bzw. eine Heldin!

Wer hingegen das Prinzip der Gerümpel- und Ordnungs-Mantras bis hierher immer noch nicht begriffen und verinnerlicht hat, dem ist auch im Wohnraum, im Bad oder im Keller nicht zu helfen. Der wird auch weiterhin um jeden Nippes kämpfen, um jeden Sonderangebotsprospekt von 1978, um jeden kaputten Rasierapparat.

Alle anderen sind auf einem guten Weg, nun auch noch mehr Ballast abzuwerfen. Die bis hierher vorgestellten Beispiele sind nämlich auf alle anderen Räume oder Lebensbereiche ganz einfach übertragbar.

Beim ersten Beispiel, der Küche, handelt es sich um einen Lebensbereich, der sehr stark von handwerklichen Abläufen und von Technik bestimmt ist.

Die prinzipiellen Entrümplungs- und Ordnungswahrheiten einer Küche gelten aber auch für das Bad, für einen Hobbyraum, gelten auch für die Garage, für Haushaltsräume, Wäsche- und Bügelkeller und ähnliche Räumlichkeiten, in denen Technik und handwerkliche Verfahren eine Rolle spielen.

Das zweite Beispiel, das Home-Office, ist ein Lebensbereich, in dem mehr administrative Abläufe stattfinden. Hier dienen das Entrümpeln und bestimmte Ordnungsprinzipien der Befreiung vom Papier-Overkill und vor allem der Herstellung von administrativer Übersicht, die dabei helfen kann, Geld zu sparen. Was im Arbeitsbereich gilt, gilt aber auch prinzipiell für den Wohnzimmerschrank mit der CD- oder der Briefmarkensammlung, für den Schreibtisch im Kinderzimmer oder den kleinen Sekretär im Flur.

Was für die Küche gilt, gilt auch fürs Bad!

Weitere Gerümpelräume

Wer das in Küche und Home-Office vorgestellte Prinzip beherrscht, wird nunmehr also eigenständig fortfahren können. Gleichwohl soll im Folgenden noch auf einige „Brennpunkte", auf einige Besonderheiten einzelner Räume oder Raumtypen eingegangen werden. Diese Entrümpelungs- und Ordnungstipps sollen Ihnen exemplarisch dabei helfen, ganz typische Blockaden und Gewohnheiten zu durchbrechen und psychologische Hemmschwellen zu überwinden, die immer wieder an der gleichen Stelle, vor dem gleichen Schrank, vor dem gleichen

Das Prinzip ist immer dasselbe!

Egal ob Sie sich nun im Folgenden einen weiteren Raum, sagen wir das Kinderzimmer, vornehmen oder nur ein Möbelstück, sagen wir den Kleiderschrank im Schlafzimmer: Das Prinzip des Vorgehens ist immer dasselbe, und die Mantras sind auf alles übertragbar:

1. Ausräumen!
2. Säubern!
3. Ausmisten! Dabei jedes Teil mit den drei Gerümpel-Mantras auf seine weitere Daseinsberechtigung und seinen zukünftigen Standort checken!
4. Funktions- oder Themeninseln einrichten und einräumen!
5. Beim Einräumen beachten: Nutzfrequenz bestimmt Standort!
6. Fortan die beiden Ordnungs-Mantras beherzigen!

Regal auftauchen und die in der Lage sind, die besten Vorsätze zu vernichten.

Brennpunkt Wohnraum

Kernstück eines Wohnraums ist neben einer Sitzgruppe und der Fernsehstation in der Regel die berühmte und unausweichliche Schrankwand – oder ein entsprechendes Sideboard oder ein entsprechendes offenes Regal.

Nun sollte der Wohnraum – es klingt im Namen ja schon an – wohnlich sein. Doch wie sieht's mit der Schrankwand aus? Bis zum letzten Quadratzentimeter ist sie gefüllt, bis unter die Decke mit Zeitschriften, Spielekartons, Fotoalben (die nur alle zwei Jahre mal das Licht der Welt erblicken), mit Häkelzeug und vor allem mit den guten alten Kristallgläsern von Oma (die nie benutzt werden, weil man sie nicht in die Spülmaschine stellen kann). Die Schubladen sind zum Bersten gefüllt mit abgebrannten Streichhölzern, mit Kerzenstummeln, leeren Batterien und Würfelbechern. Eine solche Schrankwand, die aus allen Nähten platzt, vermittelt einfach kein wohnliches Gefühl.

Dasselbe gilt für das auf dem Fußboden ausgebreitete Meer von CDs und DVDs vor dem Videorecorder und der Musikanlage, die allesamt keinen Platz mehr im Sideboard oder im Schrank haben, weil der eben restlos überladen ist mit Dingen, die kein Mensch mehr braucht.

Also auch hier gilt es, erst einmal Raum herzustellen, indem man alles überflüssige Gerümpel entsorgt, verkauft oder verschenkt – all den Plunder in den Schubladen, die Kristallgläser von Oma und all die Fotoalben (die in den Keller gehören). Und seitdem sich Ihr Sohn als Rechtsanwalt niedergelassen hat, werden Sie mit ihm voraussichtlich auch nicht mehr „Mensch ärgere Dich nicht" spielen – daher ab in die Tonne mit diesem Kracher der Gesellschaftsspiele.

AUCH PFLANZEN KÖNNEN GERÜMPEL SEIN!

Also alles wie gehabt: Sie beginnen mit dem munteren Ausmisten und Entrümpeln. Das gilt im Übrigen auch für Pflanzen. Auch ein Zuviel an Pflanzen kann die Luft zum Atmen nehmen. Zudem die einzelnen Pflanzen in der Masse ihre Attraktion verlieren, man nimmt die einzelne Pflanze gar nicht mehr wahr. Sie schlucken außerdem viel zu viel Licht und viel zu viel Raum, den Sie doch selbst zum Leben benötigen. Schauen Sie also genau hin: Nicht alles, was da so rumsteht auf der Fensterbank und in den Wohnraumecken ist wirklich noch eine botanische Schönheit – also ab in die Bio-Tonne damit! Spielen Sie den Wohnraumförster!

Handarbeitsutensilien, CDs, DVDs, den Stapel Motorradzeitungen usw. kann man nach der Entrümpelung in attraktive Körbe oder bunte Kartonagen verpacken und griffbereit verstauen. Die müssen nie wieder auf dem Boden ihr Dasein fristen. Und mit einem Mal kann man wieder durch den Wohnraum gehen! Nicht waten, sondern wirklich gehen, ohne irgendetwas kaputt zu treten.

Und so bleibt der Wohnraum wohnlich!

Beherzigen Sie für die Erhaltung des entrümpelten Status Quo im Wohnraum einfach die beiden folgenden Schritte:

SCHRITT EINS

Merken Sie sich ein für allemal: Ein Wohnraum ist keine Abraumhalde für Handtaschen, Mäntel, Fahrrad- oder Motorradhelme, Handschuhe, Schuhe oder Schultaschen. Wer die Wohnung oder das Haus betritt, möchte also bitte fortan all diese Dinge, die man so gerne im Wohnraum verteilt, um sich anschließend erst mal in den Sessel fallen zu lassen, dort platzieren, wo sie hingehören.

Zweites Ordnungs-Mantra:
JEDES DING GEHÖRT AN SEINEN PLATZ – IMMER!

Man kann sich danach immer noch seufzend in den Sessel gleiten lassen...

SCHRITT ZWEI

Was reingeschleppt wird, wird auch wieder raus-
geschleppt: Bastelzeug oder Schulsachen der Kinder, das Nagelpflegeset der Gattin oder die
Spielekonsole (Controler) von Papi werden von
den Benutzern auch wieder dort verstaut, wo sie
hingehören! Und zwar wenn man fertig ist mit
Basteln, Nägel lackieren oder Counterstrike! Spätestens jedoch abends – eine halbe Stunde vor
dem Essen oder eine halbe Stunde vor dem
Spielfilm mit Brad Pitt. Sonst geht's hungrig aufs
Kopfkissen. Und von Brad Pitt kann man sich was
Schönes träumen.

Brennpunkt
Kleiderschrank
und Garderobe

Es spielt sich so oder ähnlich in den meisten verrümpelten Haushalten ab: das große Klamotten-
Drama!

Erster Akt

Sie kommen nach Hause. Was ist die erste Amts-
handlung? Mantel aus! Dann Jackett oder Pulli
oder beides. Nur: wohin damit? Garderobe? Restlos überfüllt! Da hängen Wintermäntel, Jacken,

Jacketts und Schals übereinander als hätte sich bei Ihnen der Bundestag zur Sitzungswoche eingefunden. Hat er aber nicht. Sind alles Ihre Klamotten. Also fliegt der Mantel über den Stuhl am Arbeitsplatz (wo noch der Pullover von gestern Abend liegt), das Jackett wird an der Türklinke aufgehängt, der Schal fliegt aufs Sofa.

Zweiter Akt

Sie sind müde. Sie wollen ins Bett. Also entkleiden Sie sich. Womöglich im Schlafraum. Nur: Wohin jetzt mit all den Klamotten, die man noch mal tragen kann, die nicht sofort in die Schmutzwäsche gehören? Wohin mit Hose, Jackett, Schlips, Kleid, Rock, Bluse? Kleiderschrank? Voll! Da passt kein Slip mehr rein! Also wird es da deponiert, wo schon die Klamotten von gestern und vorgestern und vovorgestern liegen: über dem Stuhl, neben dem Stuhl, auf dem Boden oder auf der Wäschetruhe. Das sind dann die Wäscheberge, an denen Sie sich jede Nacht auf dem Weg zur Toilette fluchend einen Knoten in die Beine drehen.

Das Problem

Sie haben zu viele Klamotten! Und hören Sie jetzt sofort auf zu lamentieren! Es ist so. Sie haben einfach zu viel! Und zwar zu viele Klamotten, die Sie überhaupt nicht mehr tragen. Diese Teile verstopfen Ihren Kleiderschrank, verdrängen die aktuell getragenen Kleidungsstücke ins Exil, wo sie sich verknittert über dem Stuhl und auf dem Boden wiederfinden.

Diese Gerümpelkleidung nimmt Ihnen zudem jedwede Übersicht: Vor lauter „Antiquitäten" sehen Sie nicht mehr die Blusen und Hosen, die Sie wirklich noch tragen. Also stehen Sie mindestens dreimal die Woche vor Ihrem restlos überquellenden Kleiderschrank und heulen sich und Ihrem Partner vor: „Ich hab' nichts anzuziehen!"

Die Lösung

Entrümpeln natürlich! Zuerst all die kaputten, abgewetzten Kleidungsstücke, für die man sich tatsächlich schämen müsste, sie noch einmal in der Öffentlichkeit zu präsentieren (und die man zu Hause auch seinem Partner nicht mehr zumuten sollte!).

Doch Achtung: Wir betreten jetzt generell schwer vermintes Gelände! Kleidungsstücke zu entsorgen gehört zu den anstrengendsten Kapiteln.

Eine Bluse kann nämlich emotional unglaublich aufgeladen sein! Was hat man mit dem Teil aber auch bei Männern für einen Schlag gehabt! Wahnsinn! Was war das ein Hingucker, im Sommer! Ja, stimmt gnädige Frau, aber das ist gute 20 Jahre her! Und damals hat ja auch der eine hingeguckt, der, mit dem Sie jetzt verheiratet sind und zwei Kinder haben. Hat ja gewirkt, die Bluse!

Aber jetzt mal ehrlich: Mit diesem transparenten Fummel würden Sie heute nie wieder das Haus verlassen! Ist für Ihr Alter dann vielleicht doch mittlerweile ein bisschen gewagt? Also, warum bitte hängt die Bluse da noch auf dem Bügel?

Jacketts können einen gleichermaßen magischen Erinnerungswert aufweisen. Und das war ja damals auch wirklich cool in den Achtzigern: Miami Vice, Crockett und Tubbs, diese irren Bonbon-Farben, T-Shirt und Jackett. Mit diesen Jacketts sind ja damals alle rumgelaufen, die was auf sich hielten. Mit den Klamotten fühlte man sich damals auch in Recklinghausen irgendwie wie in Florida!

Die Zeiten von Miami Vice kommen nie wieder!

Aber: Jacketts mit solchen Schulterpolstern trägt man heute nicht mehr! Ehrlich nicht! Wenn Sie mit diesem Teil morgen ins Büro stolzierten, würden Ihre Kollegen nur wissen wollen, in welchem Fitnesscenter man derzeit noch Anabolika gereicht bekommt und was das für ein Teufelszeug sein muss, dass einem über Nacht solche Schultern wachsen. Also ab in die Kleidertonne damit.

Mit Verstand klappt's

Für die meisten Menschen reicht der Hinweis auf die Vergänglichkeit von Mode und allem, was man mit bestimmten Kleidungsteilen emotional verbindet. Zudem entgegen der oft gehegten Hoff-

nung Mode eben nie wieder genau so wieder-
kehrt, wie sie einmal war. Bestimmte stilistische
Ähnlichkeiten, ja, die wiederholen sich hin und wieder. Aber in der Regel kehren sie mit anderen Far-
ben, anderem Schnitt anderen Rocklängen oder
Stoffen wieder. Wer vor seinem Kleiderschrank erst
einmal den Verstand einschaltet, dem fällt es meist
nach einem ersten Anlauf nicht mehr schwer, diesen kräftig auszumisten.

All denen, die dazu noch eine Initialzündung
brauchen, sei angeraten, mit einem ersten Klei-

Nicht wegschmeißen, sinnvoll schenken!

Bedürftige werden sich freuen!

Viele Menschen können die Vorstellung nicht
ertragen, dass all die Kleidung, für die man
doch damals sehr viel Geld ausgegeben hat,
einfach auf dem Müll landet. Wer damit ein
Problem hat, sollte die aussortierte Kleidung
persönlich an einer Sammelstelle für Be-
dürftige (z.B. Rotes Kreuz, Arbeitersamari-
terbund) abgeben.

Die Vorstellung, dass die aussortierte Kleidung noch eine Funktion erfüllt und vielleicht
sogar jemanden glücklich macht, hat etwas
Beruhigendes und erleichtert die Entschei-
dungsfindung.

dungsteil anzufangen und sich nach einer Woche mal zu fragen, ob man das aussortierte Teil wirklich vermisst. Klappt in der Regel!

So, jetzt haben Ihre tatsächlich getragenen Anzüge, Blusen und Röcke wieder einen angemessenen Platz auf Bügeln. Und jetzt können Sie nachts auch wieder ohne Handy und Notrufnummer für Knochenbrüche auf die Toilette. Sie werden nämlich über keine Wäscheberge mehr strauchen müssen.

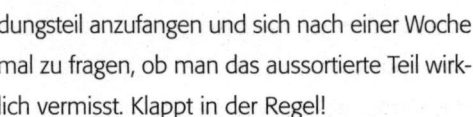

Weil Ihre Stolperfallen jetzt im Schrank hängen!

Brennpunkt Kinderzimmer

Ach ja, die lieben Kleinen, Racker sind sie, immer unterwegs, immer kreativ, immer spielen wollen sie, malen, puzzeln, basteln, hin und wieder sogar auch mal Hausaufgaben machen – und zwar alles an einem Tag, und an jedem Tag! Und so sieht dann abends auch das Kinderzimmer aus. Chaotisch!

Es gibt auch im Kinderzimmer kein kreatives Chaos!

Auf die Gefahr hin, nun all jene Eltern zu irritieren und ihren Zorn zu provozieren, die ernsthaft glauben, das Durcheinander im Kinderzimmer müsse sein, weil es eben Ausdruck der besonderen Kreativität der kleinen Künstler sei und das Kinder das entfesselte Durcheinander zur Persönlichkeitsentfaltung bräuchten: Chaos und Unordnung hat – auch im Kinderzimmer – nichts mit Genie und nichts mit Kreativität zu tun.

Es stiftet bei Kindern im Zweifel eher Verwirrung und Desorientierung, weil selbst ein Kind inmitten eines permanenten kunterbunten Wirrwarrs aus tausenden von Teilen nicht in der Lage ist, sich wirklich auf eine Tätigkeit zu konzentrieren. Obwohl Kinder sich konzentrieren wollen und können, beim Spielen und selbst bei den Hausaufgaben, wenn man sie nur lässt. Und das heißt, dafür zu sorgen, dass die Ablenkung durch ein ewig präsentes Chaos beschränkt wird und bleibt. Und das funktioniert hier wie im Lebensbereich der Erwachsenen nach den gleichen Prinzipien.

Erster Schritt:

DIE ANZAHL DER DINGE BEGRENZEN!

Kinder müssen nicht alles haben. Wenn z.B. Jonas was hat, was Ihr Kleiner nicht hat, aber haben will, weil auch Jonas das hat, dann ist das kein Grund zu kaufen, was Jonas hat, sondern Ihr Kind hin und wieder bei Jonas spielen zu lassen. Ansonsten wird das Kinderzimmer alsbald aus allen Nähten platzen.

Zweiter Schritt:

ENTRÜMPELN!

Irgendwann ist die Aufnahmekapazität eines jeden Kinderzimmers nicht nur erschöpft, sondern deutlich überschritten. Gehen Sie gemeinsam mit Ihren Kindern die Gerümpel-Mantras durch. Lassen Sie die Kleinen selbst entscheiden, wie wichtig ihnen das ein oder andere Spielzeug ist. Sie werden erstaunt sein, wie leichtherzig Kinder sich von Dingen trennen können! Sollten sie erbittert um jedes Teil kämpfen, werden Sie nicht umhinkommen, heimlich zu entsorgen, was Ihnen aus Beobachtung entbehrlich erscheint. Ihre Kinder werden die peu à peu beseitigten Teile überhaupt nicht vermissen.

Dritter Schritt:

NEUES KOMMT NUR REIN, WENN ALTES GEHT!

Machen Sie Ihren Kindern unmissverständlich klar, dass sich Wünsche nach einem neuen Spielzeug aus Platzgründen nur dann erfüllen können, wenn sie bereit sind, dafür ein altes Spielzeug zu entsorgen. Hier gilt es, wie in der Kindererziehung überhaupt, besonders konsequent zu sein. Inkonsequenz strafen Ihre Kinder mit der natürlichsten aller Reaktionen: Sie nehmen Erwachsene und was sie sagen nicht mehr ernst! Und seien Sie gewiss: Spätestens, wenn Ihr Sohn sich Fußballschuhe wünscht, wird er bereit sein, sich von seinem Rässelchen zu trennen!

Vierter Schritt:

THEMENINSELN – AUCH HIER!

Packen Sie Spielzeuge und Bücher nach Themen geordnet in Boxen oder Körbe. Die lassen sich leicht ein- und ausräumen und gut verstauen. Und ordnen Sie gemeinsam mit Ihren Kindern auch deren Arbeitsplatz nach Themeninseln.

Es müssen übrigens nicht immer alle Körbe und alle Spielzeuge zur Verfügung stehen. Um eine intensivere und konzentriertere Beschäftigung mit Spielzeug zu fördern, ist auch im Kinderzimmer manchmal weniger mehr. Verstauen Sie also hin und wieder mal eine Spielzeugkiste für gewisse Zeit im Keller.

Fünfter Schritt:

FÜR MEHR KONZENTRATION SORGEN!

Durcheinander machen Ihre Kinder von ganz alleine. Offene Regale, in denen man immer und zu jeder Zeit den bunten Inhalt sieht, haben einen permanent auffordernden Charakter, sich des Inhalts zu bedienen. Geschlossene Schränke hingegen sorgen nicht nur optisch für mehr Ruhe und Konzentration – zum Beispiel für Hausaufgaben. Das gleiche gilt für wild gemusterte Tapeten und Teppichböden, die das Chaos der bunt

durcheinandergewürfelten Kleinteile auf dem Boden optisch nur noch verstärken. Suchen Sie also ruhigere Tapeten und Bodenbeläge aus.

Ein letzter Ordnungstipp

Machen Sie konsequent zur Regel, dass abends vor dem Zubettgehen aufgeräumt (Ordnungs-Mantras!) wird. Liegen all die Spielzeuge auch abends noch offen herum, schreit das ganze Zimmer: „Steh auf, spiel mit mir!" Wie will man bei dem Lärm als Kind zur Ruhe kommen?

Brennpunkt
Keller und Garage

Klassische Sturäume sind Keller bzw. Dachboden und Garage. Sturäume heißen so, weil man in ihnen etwas verstauen kann, was man nicht alltäglich braucht, nicht weil sie dazu da wären, dass sich in ihnen alles anstaut.

Sturäume sind hochfunktionale Räume, sie sind quasi die Fortsetzung des bewohnten Raumes mit anderen Mitteln. Und als solche werden sie fortan auch behandelt. Also, alles wie gehabt: Ausräumen, saubermachen, mantratechnisch entrümpeln, Themeninseln einrichten, einräumen!

Ein Keller/Dachboden ist zum Beispiel eine Heimstatt für Zelte und Campingausrüstung, für die Dia-Ausrüstung, für alte Foto-Alben, Fachliteratur, die man nur ein oder zwei Mal im Jahr braucht, für Wein, für saisonale Sportausrüstung (Skier, Motorradklamotten), für Küchengeräte, die man nur ein- oder zweimal im Jahr benötigt, für Koffer, Weihnachtsbaumschmuck, Winterkleidung etc.

Stellen Sie funktionale Regale und Schränke auf, in denen diese Teile in Kartons oder anderswie verpackt eingeräumt werden. Und in der Garage finden allein Dinge Unterschlupf, die für das Auto oder die Fahrräder gebraucht werden. Für nichts sonst.

DIE DREI WICHTIGSTEN STAURAUMREGELN

Erste Stauraumregel: Stauräume sind keine Abfallhalden, auf denen man entsorgt, was eigentlich auf den Sperrmüll gehört. Betreten Sie also niemals mit Sperrmüll oder Gerümpel einen Stauraum. Stauräume sind dafür einfach die falsche Adresse.

Zweite Stauraumregel: In Stauräumen werden fortan und grundsätzlich nur noch Dinge untergebracht, die auch wirklich noch benutzt werden! Ein Keller ist kein Museum für Erinnerungsstücke!

Dritte Stauraumregel: Verlassen Sie (nach der Entrümpelung) grundsätzlich einen Stauraum so, wie Sie ihn vorgefunden haben. Die Einstellung „Das räum ich später weg" führt unweigerlich zur erneuten Verrümpelung. Sie werden es nämlich nicht später wegräumen. Stattdessen werden Sie beim nächsten Mal wieder irgendetwas rausholen und nach Gebrauch ebenfalls einfach in den Stauraum pfeffern mit dem Vorsatz: „Das räum ich später weg." Und so weiter. Irgendwann wird Sie einfach nur noch der blanke Horror packen, wenn Sie die Tür zum Keller oder Dachboden öffnen.

Stauräume nicht verrümpeln zu lassen, ist eine Frage des Kopfes! Gehen Sie immer mit dem festen Vorsatz in solche Räume: Er sieht nach meinem Verlassen genauso aus wie vorher!

Die Startrampen des Alltags

Es ist doch jeden Morgen dasselbe: Die Zeit drängt, im Büro klingelt gleich das Telefon oder die Kollegen warten bereits im Meeting, vorher müssen die Kinder noch zur Schule gebracht werden – und wo ist jetzt der verdammte Schlüsselbund? Und wo ist das Handy? Und die Brille – die hatte doch gestern Abend noch auf dem Schreibtisch gelegen – warum liegt die da jetzt nicht mehr?

Statt morgens geordnet in die Alltagsschlacht zu ziehen, beginnt für viele Menschen der Tag mit Suchen. Und weil es morgens in der Regel sowieso schon ein wenig hektisch zugeht, sucht man unter Zeitnot. Und das bedeutet Stress. Also beginnt für viele Menschen der Tag bereits mit Stress, bevor sie überhaupt das Haus verlassen haben.

Richten Sie Startrampen ein – egal wo!

Ob Sie morgens oder wann auch immer das Haus verlassen müssen, in der Regel benötigen Sie dann immer dieselben Kleinteile: Hausschlüssel, Handy, Brille, Sonnenbrille, einige Schmink-Utensilien, Portemonnaie, Handtasche, Arbeitstasche, Schulranzen, Pausenbrote etc. Richten Sie für all die Kleinteile des Alltags, die Sie oder Ihre Familienmitglieder alltäglich beim Verlassen des Hauses brauchen, Startrampen ein!

Es ist dabei völlig belanglos, wo diese Startrampen stationiert sind. Der eine startet am

Schreibtisch, der nächste in der Diele, der übernächste in der Küche und die Kleinen im Kinderzimmer. Es ist auch gleichgültig, ob Sie die Utensilien aufhängen (Schlüsselbrett) oder in der Diele auf das Sideboard legen oder auf dem Schreibtisch deponieren oder in einem Körbchen irgendwo in einem Regal. Entscheidend ist, dass man beim Verlassen des Hauses alle nötigen Utensilien sofort zur Hand hat.

Bereiten Sie abends den Morgen vor!

Diese Startrampen garantieren morgens natürlich nur dann einen reibungslosen Countdown, wenn sie abends bestückt werden. Abends hat man keinen Zeitdruck. Außer mit Ihrem Kopfkissen haben Sie abends keine Termine und auch keine Busfahrpläne zu berücksichtigen. Nutzen Sie also abends vor dem Zubettgehen die Zeit, um den Morgen strategisch vorzubereiten.

❶ Es beginnt mit dem, was Sie anziehen werden. Legen Sie abends bereits die Kleidung raus, die Sie am nächsten Tag anziehen wollen, inklusive Hut, Schal, Handschuhen. Nichts ist (auch für die anderen Familienmitglieder)

nervtötender als morgens früh hysterisch lamentierend vor dem Kleiderschrank zu stehen und festzustellen, dass die Hose oder der Rock, den man eigentlich anzuziehen gedachte, gerade in der Reinigung oder immer noch in der schmutzigen Wäsche weilt und dass man jetzt komplett umdisponieren muss, weil ja ohne die Hose oder den Rock auch die Bluse oder das Jackett, die man eigentlich dazu anziehen wollte, nicht mehr passen!

❷ Packen Sie auch Ihre Arbeits- und Handtasche abends und deponieren Sie die Tasche an Ihrer persönlichen Startrampe.

❸ Legen Sie auch alle anderen Utensilien bereits abends gemeinsam auf Ihre persönliche Startrampe.

❹ Auch Videos, die Sie auf dem Heimweg abends noch eben in der Videothek abgeben wollen, oder die Briefe, die Sie auf dem Weg ins Büro noch einschmeißen wollen etc., all das gehört ebenfalls abends auf die Startrampe.

So braucht man am Morgen lediglich ein oder zwei Handgriffe und kann losstürmen!

Das mentale und soziale Gerümpel

So, wenn Sie bis hierher den Prinzipien des Entrümpelns gehorsam gefolgt sind, dann haben Sie
den Kampf mit den Dingen erfolgreich aufge-
nommen. Im besten Fall haben Sie sich mit
einem großen Befreiungsschlag all der Tonnen

materieller Last, die Ihr Leben beschwert haben, erfolgreich entledigt.

Nun besteht die Gerümpel-Welt aber nicht allein aus Materie, die jenseits bestimmter Grenzwerte zum Ballast wird und einem die Luft zum Atmen nimmt. Es gibt durchaus auch mentales und soziales Gerümpel – und davon leider eben auch jede Menge, ganz so wie in der Welt der Materie.

Zeit- und Energieräuber nagen an der Lebensfreude

Dazu zählen all die hässlichen kleinen und großen Energiefresser, die uns im Kopf zur völligen Unzeit beschäftigen, die all jene Hirnareale zu mentalen Mülldeponien verkommen lassen, wo wir eigentlich Lebensfreude empfinden sollten. Dazu zählen all die überflüssigen sozialen Selbstverpflichtungen, die wir mit stolzgeschwellter Brust eingehen und die uns eigentlich nur noch wie ein Mühlrad am Hals hängen. Und dazu zählen natürlich all die unsäglichen Nervensägen, denen wir eigentlich schon immer mal ins Gesicht sagen wollten, dass sie bleiben sollen, wo der Pfeffer wächst.

All diese sozialen und mentalen Belastungen blockieren uns ebenso wie das materielle Gerümpel. Soziales und mentales Gerümpel produziert zudem das, was man allgemeinhin unter

Gegen das Gerümpel im Kopf! Für ein selbst- bestimmtes Leben!

dem Begriff Stress subsumiert. Und Stress kann ab einer bestimmten Intensität und Dauer sogar ernsthaft krank machen. Das ist keine sonderlich neue Erkenntnis. Und dennoch haben viele Menschen extreme Probleme, sich der Ursache, des mentalen und sozialen Gerümpels, konsequent zu entledigen.

Um jedoch Missverständnissen vorzubeugen: An dieser Stelle kann es nicht um Ratschläge für das Beheben ernsthafter seelischer Deformationen oder massiver sozialer Schieflagen gehen. An dieser Stelle soll es vielmehr darum gehen, Bewusstsein dafür zu schaffen, wie sehr man allzu oft und ohne es zu merken schleichend von den eigenen Lebensumständen aufgefressen wird, bis einem das Wasser bis zum Hals steht.

Und es geht im Folgenden darum, exemplarisch einige einfache Tipps zu geben, wie man diese Zeit- und Energieräuber eliminiert, wie man die Weichen neu stellen kann, wie man Verhaltensmuster durchbrechen kann. Denn Energie und Zeit sind die wichtigsten Komponenten für ein selbstbestimmtes Leben. Die sollte man sich nicht einfach aus der Hand nehmen lassen!

Echte Problemfälle allerdings wie zum Beispiel Mobbing, psychische Traumata u.v.m. können nicht in einem solchen Wegweiser wie diesem behandelt werden. Solche Fälle gehören in die Hände von Rechtsanwälten und Psychotherapeuten.

Mentales Gerümpel

Es gibt im Wesentlichen zwei Ursachen für mentales Gerümpel: da ist zum einen der Dauerbrenner Arbeit, und da ist zum anderen das Kümmer-Syndrom, jenes Syndrom, das Hausfrauen ebenso wie Vorstände wie ein Virus heimsucht und das mit einem sonderbaren Symptom einhergeht: mit dem „Ich-kann-nicht-‚Nein'-sagen-Symptom".

Dauerbrenner Arbeit

Sie liegen restlos erschossen im Bett, sechs Stunden haben Sie vor sich. Jede Minute Schlaf wäre ein Segen. Und Sie kommen nicht zur Ruhe. Obwohl Sie eigentlich von Orpheus Armen eng umschlungen selig ruhen sollten, um Energie zu tanken für den nächsten Tag, britzeln Ihre Synapsen im Hirn unter elektrischem Dauerfeuer vor sich hin. Da wird dann alles, was am Tag so war und was da am nächsten Tag noch alles auf einen zukommt, noch mal durch die grauen Zellen gejagt.

DAS GEWITTER IM KOPF

Also zum Beispiel die Sache mit dem Fax. „Dass ich das Fax mit dem Auftrag von der Vereinigten Europa-Trikotagen GmbH Meltzer & Co aber auch nicht finden konnte", britzelt es Ihnen nächtens

durchs Gebälk. „Das Fax musste doch irgendwo in einem der Stapel gelegen haben. Lag es aber nicht. Jedenfalls nicht in dem Stapelbereich, den ich durchpflügt habe (was wir an dieser Stelle völlig unkommentiert lassen).

Aber morgen braucht der Chef das Fax. Wo man da morgen wohl noch suchen kann? Vielleicht im Kühlschrank? Man macht ja manchmal in Gedanken so Sachen... Obwohl, eigentlich hab ich ja gar keine Zeit, mich um das Trikotagen-Fax zu kümmern, ich muss ja morgen noch das Meeting für Montag vorbereiten. Oder war das Meeting erst am Mittwoch nächster Woche?

Wenn man nachts den Tag verarbeitet...

Gut, die Verträge mit den Output-Strategen vom Geräteflottenmanagement, die sollten morgen auch noch erledigt werden. Oh Gott, wo hab ich da eigentlich den ganzen Vorgang abgelegt? Da muss ich mich auch noch sachkundig machen. Es sei denn der Müller ist dafür eingeteilt. Wieso weiß ich das jetzt wieder nicht, ob ich oder der Müller?"

Und so simmert und donnert es im Kopf die ganze Nacht vor sich hin – ein Gedanken-Gewitter jagt das nächste über Ihr Kopfkissen.

All diese und noch andere Symptome können natürlich Ausdruck einer völligen Überlastung wegen chronischen Personalmangels sein. Das wäre dann eher ein Fall für den Betriebsrat. Das alles kann aber auch das Resultat schlechter Organisation und mangelhafter Ordnung Ihrerseits sein. Mit anderen Worten: Sie haben die Übersicht verloren und werden durch mentales Gerümpel blockiert.

Hier als Anregung einige Tipps, mit denen es Ihnen vielleicht gelingt, Ihr mentales Gerümpel zu entsorgen und ein wenig mehr Struktur und Freiheit zurückzuerlangen.

ENTRÜMPELN SIE IHR BÜRO!

(Siehe S. 70) Sollte man eigentlich an dieser Stelle nicht mehr drauf hinweisen müssen. Und: Was für das Büro gilt, gilt im übertragenen Sinne natürlich für die meisten anderen Arbeitsplätze auch. Die Gegenstände mögen andere sein, das System bleibt dasselbe.

SETZEN SIE PRIORITÄTEN!
WICHTIGKEIT GEHT VOR DRINGLICHKEIT!

Wichtig sind allein jene Vorgänge, die unmittelbar zielführend sind, die zum Erfolg führen und nur von Ihnen erledigt werden können.

Dringend sind all die Dinge, die zwar termingebunden und ebenfalls wichtig sind, aber delegiert werden können.

Organisieren Sie Ihren Tagesplan nach diesen beiden Kriterien: A) ist wichtig! B) ist dringend, wird aber delegiert!

Alles andere ist arbeitstechnisch gesehen vornehmlich Gerümpel, in stressigen Situationen sowieso.

GEHEN SIE IMMER NUR EINEN SCHRITT!

Das ganze Gerede vom Multitasking ist nämlich vornehmlich genau das: Gerede! Die Gabe des Multitaskings ist de facto nur Wenigen gegeben (und es hat im Übrigen und allen Mythen zuwiderlaufend eben nichts mit dem Geschlecht zu tun!).

Mehrere Schritte gleichzeitig zu vollziehen, ist wie ein Schreibtisch mit Hunderten von Zettelchen, auf denen irgendwas notiert ist: Man verliert komplett den Überblick. Gehen Sie einen Schritt nach dem anderen. Und tun Sie das, ohne ständig an alle noch zu gehenden weiteren Schritte zu denken. Sie werden fallen.

Konzentrieren Sie sich also allein auf die im Moment wichtigste Tätigkeit und lassen Sie sich nicht von den noch vor Ihnen liegenden Aufgaben beirren. Wichtig ist allein, was Sie im Moment zu erledigen haben.

Dieser mentale Ablauf hat im Übrigen nichts mit der Größe und Schnelligkeit der einzelnen Schritte zu tun. Mit dieser Technik kann man sogar im Minutenwechsel vorankommen, wenn es die Arbeitsabläufe erfordern.

RÄUMEN SIE IHREN SCHREIBTISCH/ARBEITSPLATZ AUF!

Und zwar jeden Abend, bevor Sie ihn verlassen. Zur Erinnerung: Ordnung ist kein Prinzip, das sich selbst genügt. Ordnung schafft Übersicht. Ein aufgeräumter Schreibtisch entlässt Sie mit dem Gefühl, Ihr Tagwerk erfolgreich absolviert zu haben. Ein solcher Schreibtisch empfängt Sie vor allem am nächsten Tag nicht mit dem Gefühl, dass Sisyphos im Vergleich zu Ihnen ein kleines Würstchen war.

PLANEN SIE IHR TAGWERK AM ABEND!

Ganz entscheidender Tipp für einen geruhsamen Schlaf! Ob privat oder beruflich: Schreiben Sie den Plan des nächsten Tages am Abend zuvor auf. Was Sie nämlich als Laufplan schriftlich fixiert haben, müssen Sie dann nicht mehr die Nacht über in Ihrem Kopf als bedrohliches Gedanken-Gewitter ertragen. Planung gibt Sicherheit!

Berücksichtigen Sie bei der Tagesplanung auch Ihren individuellen Bio-Rhythmus, denn jeder Mensch ist am Tag unterschiedlich belastbar. Räumen Sie in diesem Tagesplan zeitliche Pufferzonen für unvorhergesehene Zeitverzögerungen ein.

Wenn Sie im Büro stark eingespannt sind, sollten Sie sogar eine Stunde einplanen, in der Sie nicht erreichbar sind – nicht einmal telefonisch!

Doch, das geht! In dieser Stunde sollten Sie in Ruhe das bisher Erreichte noch einmal prüfen und alle weiteren Schritte im Sinne von Wichtigkeit und Dringlichkeit eventuell noch einmal korrigierend neu justieren.

Das Kümmer-Syndrom

ODER: ICH BIN FÜR ALLES VERANTWORTLICH, UND „NEIN" SAGEN KANN ICH AUCH NICHT!

„Ach was! Der Josef hört auf? Nächstes Jahr. Mensch das war doch eigentlich immer ein Super-Präsident. Der hat doch Tennis gelebt! Hört aber jetzt auf? Ach und ihr habt sonst jetzt keinen.

Also eigentlich hab ich echt genug um die Ohren. Ich seh ja kaum noch meine Frau. Meine Kinder sowieso nicht. Weswegen? Tja, was soll ich sagen? Der Job frisst mich auf, all die Konferenzen, dann bin ich ja noch im Aufsichtsrat von der Venezia-Dessous AG. Und dann ja auch privat noch... Ich hab da letztes Jahr zum Beispiel die Elternpflegschaft übernommen. Ist 'ne Menge Papierkram und viel überflüssiges Gerede und Gequatsche. Hab da aber ein schlechtes Gewissen gehabt, weil ich mich ja sonst kaum um die Kleinen kümmern kann. Und dann bin ich ja noch in der Jury im Städtischen Kunstverein. Obwohl, das war letztes Jahr echt stressig. Weil die Jury sich immer genau dann einfindet, wenn ich mit unserer Freizeittheatertruppe auch die Stücke für den Winter einübe. Ja, ja, ich bin da ja immer der Regisseur für die Weihnachtsmärchen. Und das ist auch ein Haufen Arbeit, kann ich Dir sagen, sind ja alles Amateure.

Aber gut, wenn das jetzt sonst keiner machen will. Mein Gott, irgendwie bekomm ich das schon noch hin mit dem Tennisclub."

IMMER DASSELBE GEJAMMER

Das Gejammer ist eigentlich immer dasselbe, der Inhalt beliebig austauschbar. Ob omnipotenter Manager oder Hausfrau, die zwischen Wäsche waschen, Kinderterminen, Reitturnieren, Kuchenbacken für's Schulfest, Organisieren der nächsten Vernissage in der Galerie der Freundin oder Bauchtanzen für die Selbstverwirklichung den lieben langen Tag hin und her fliegt wie eine Flipperkugel – unter dem Strich sind diese Menschen ständig mit irgendwas beschäftigt und haben deshalb für nichts Zeit. Vor allem nicht für all das, für das sie eigentlich gerne Zeit hätten: Zum Beispiel mal mit dem Partner einen Spaziergang machen, mal mit Freunden Essen gehen und ein Glas Wein trinken, ins Kino gehen oder einfach mal – nichts tun!

Unter dem Strich zeichnen sich diese Menschen durch ein ausgeprägtes Kümmer-Syndrom aus. Das Wort „Nein" kommt in ihrem Wortschatz nicht mehr vor. Für alles und für jeden sind sie zu-

ständig, fühlen für alle und für jeden Verantwortung, glauben, auf diesem Weg soziale Anerkennung zu erhalten. Unter dem Strich sind die meisten dieser Menschen aber auch unglücklich, weil ihr ganzes Leben mit Verantwortlichkeiten und Terminen zugerümpelt ist.

DIE RÜCKEROBERUNG DER ZEIT-AUTONOMIE

Gegen diesen schleichenden Verlust an Souveränität über das eigene Leben kann man etwas tun. Ziel ist es, die Autonomie, also die Entscheidungsfreiheit über seine eigene Zeit wiederzuerlangen, indem man sich die Zeit freischaufelt, über die man dann nach freiem Willen – und vielleicht sogar wieder spontan – verfügen kann.

Eine der einfachsten Methoden, sich von überflüssigem Verantwortungsgerümpel zu befreien, besteht aus zwei einfachen Schritten:

Schritt eins: Stellen Sie ein Ranking der Ihnen wirklich wichtigsten Tätigkeiten auf! Nehmen Sie sich Zeit dazu und – ganz wichtig – schreiben Sie dieses Ranking auf. Nehmen Sie in dieses Ranking alle Tätigkeiten auf, die Sie täglich und wöchentlich in Anspruch nehmen. Das Ranking erfolgt dabei der Frage folgend: Was ist mir wirklich wichtig?

Ist es Ihnen tatsächlich wichtig, jede Woche in diesen Töpferkurs zu pilgern, oder tun Sie das nur

Ihrer Freundin mit ihrem Kunstgewerbefimmel zuliebe? Ist der Vorsitz im Badminton-Verein Ihnen wirklich wichtig? Ist Ihnen das Theater-Abo eigentlich wirklich so wichtig oder öden Sie nicht eigentlich die meisten Inszenierungen mindestens ebenso an wie der oft so öde Smalltalk im Anschluss? Würden Sie stattdessen nicht viel lieber manchmal einfach nur mit Ihrem Partner zu Hause vor dem Kamin rumlümmeln? Das Leben entschleunigen?

Wenn Sie Schwierigkeiten haben, das Ranking mit der Frage zu erstellen: Was ist mir wirklich wichtig?, dann versuchen Sie es umgekehrt: Auf was können Sie ehrlicherweise eigentlich am besten verzichten? Und wundern Sie sich nicht, wenn am Ende als wichtigste Tätigkeit nicht „Präsidentschaft im Golf-Club" steht, sondern „Spazierengehen mit dem Hund"!

Schritt zwei: Streichen oder Delegieren Sie die unwichtigsten oder lästigsten Verpflichtungen! Setzen Sie den Rotstift an, je nach Fragestellung des Rankings entweder ganz oben oder ganz unten. Müssen Sie die Steuererklärung bei all den wirklich wichtigen Aufgaben unbedingt auch noch selbst machen? Dafür gibt es doch im Zweifel Steuerberater. Die kosten zwar Geld, aber mit diesem Geld erkaufen Sie sich Zeit und die Freiheit, über diese Zeit zu verfügen. Und die Kinder kön-

nen übrigens auch mit dem Bus zur Schule fahren, sie werden deswegen keine Persönlichkeitsstörung entwickeln. Sie müssen also nicht jeden Tag das Kindertaxi spielen.

Auch Hausarbeit kann man gut delegieren: Wieso müssen eigentlich immer nur Sie bügeln? Entweder andere Familienmitglieder beteiligen sich oder man beauftragt eine Haushaltshilfe, deren Kosten sich genauso rechtfertigen lassen wie die des Steuerberaters.

Und es ist auch nicht ehrenrührig, so manche ehrenamtliche Aufgabe auf den Prüfstand zu stellen, wenn die Energie- und die Kosten-Nutzen-Bilanz in Ihrem Leben nicht mehr stimmt. Es ist niemandem damit geholfen, wenn Sie sich für den Kunstverein, den Tennisclub oder den Tierschutzverein aufreiben, aber Ihre Ehe an Zeitmangel zugrunde geht.

EHRLICH SICH SELBST GEGENÜBER

Entscheidend für das Gelingen einer mentalen Entrümpelung ist vor allem die Ehrlichkeit im Umgang mit sich selbst. Viele Menschen sind ganz ohne fremde Hilfe durchaus in der Lage, ihr Leben neu zu gestalten, den Überhang an Verbindlichkeiten als Ballast abzuwerfen, sich ihrer eigenen Zwanghaftigkeit zu entledigen, wenn sie sich nur erst mal im Klaren darüber sind, wie verrümpelt ihr Leben derzeitig strukturiert ist und von was und wem sie alltäglich in Beschlag genommen werden.

Sich damit aktiv auseinanderzusetzen und alles einmal schriftlich zu fixieren, dann den Rotstift anzusetzen, sind ganz entscheidende Schritte, um irgendwann den Telefonhörer in die Hand zu nehmen und seinen Rücktritt von der ein oder anderen Verpflichtung zu erklären: „Ich schaff das einfach nicht mehr. Seid mir nicht böse. Aber ich hab das ja nun lang genug gemacht, jetzt sind mal andere dran!"

Und fortan sollten Sie Sprachübungen absolvieren, mehrfach am Tag. Sprechen Sie einfach nach: „N E I N!"

Soziales Gerümpel

Um auch hier Missverständnisse bereits im Vorfeld auszuräumen: Es geht im Folgenden nicht um die menschlichen Tragödien des Zusammenlebens, die durch ein pathologisches oder justiziables Verhalten ausgelöst werden. Es geht auch nicht um die Propagierung einer kaltherzigen und egoistischen Interessendominanz. Es geht ganz einfach darum, ein Bewusstsein dafür zu schaffen, dass es im Umfeld eines jeden Menschen soziale Kontakte sowie typische Verhaltensmuster gibt, die einem restlos den Nerv rauben und die Unmengen an Lebensenergie fressen. Und die man aus diesem Grunde so galant wie möglich und so entschieden wie nötig begrenzen sollte.

Energiefressende Nervensägen

Ob es der ewig nörgelnde Nachbar ist, der sich über alles und jedes aufregt und lautstark beschwert, ob es der Kollege ist, der alle Welt permanent von der Genialität seiner Einfälle zu überzeugen sucht, oder ob es die flüchtige Bekannte ist, die bei jeder Gelegenheit die akustische Umwelt stundenlang mit irgendwelchen Belanglosigkeiten vergiftet – sie alle sind energiefressende Nervensägen. Wie viel Zeit, wie viele

Gedanken, wie viel Nerven können diese Menschen kosten! Zeit, Energie und Nerven, die eigentlich Ihnen gehören, und über die Sie selbst frei entscheiden und die Sie für weitaus wichtigere Dinge verwenden möchten!

ANGST UND UNSICHERHEIT
SIND SCHLECHTE BERATER!

Und dennoch sind viele Menschen nicht in der Lage, sich von solchen Nervensägen abzugrenzen – aus falsch verstandener Höflichkeit, aus Angst vor einer Auseinandersetzung, aus Angst davor, Sympathien einzubüßen, aus Unsicherheit über die vermeintliche Fehlbarkeit des eigenen Verhaltens. Dabei liegt für all diese Motive in der Regel überhaupt kein Grund vor: Solange Ihr Verhalten das in ihrem Umfeld allenthalben gepflegte Koordinatensystem des zivilisierten Miteinanders nicht verlässt, solange gibt es keinen Grund, die Sphäre der eigenen Interessen nicht mit dem gleichen Selbstbewusstsein zu verteidigen, mit dem man sie angreift.

Warum sollen Sie immer derjenige sein, der sich in vornehmer Zurückhaltung übt, der sich dem Druck fügt, der das dumme Geschwätz über sich ergehen lässt? Es gibt keinen Grund, keine Grenzen zu ziehen und sich so des energiefressenden sozialen Gerümpels weitestgehend zu entledigen.

SIE HABEN AB HEUTE
EINFACH KEINE ZEIT MEHR!

Lästigen Zeitgenossen, die vor allem Ihre Zeit rauben wollen, begegnen Sie ab heute mit der einfachsten und effektivsten Strategie der Welt: Sie haben ab heute für solche Zeitgenossen einfach keine Zeit mehr. Sie haben ab heute immer etwas zu tun, was Sie daran hindert, zuzuhören und den Unsinn, mit dem man Sie konfrontiert, zu kommentieren.

Wenn Sie nicht mit dem seltenen Talent zur spontanen Phantasie gesegnet sind, schreiben Sie sich eine Anzahl von Ausreden auf, die Sie auswendig lernen oder neben das Telefon legen und freundlich lächelnd wie ein tibetischer Gebetsmönch bei jeder Attacke auf Ihre Zeitautonomie immer und immer wieder wiederholen.

Die Qualität oder Glaubwürdigkeit der Ausreden ist völlig belanglos. Ob Sie anführen, Sie hätten keine Zeit, weil Sie heute Abend Richard Gere zum Dinner erwarten und noch schnell ein paar Kartoffeln schälen müssen, oder ob Sie die sterbenskranke Mutter vorschieben oder wichtige Telefongespräche – völlig egal. Es geht allein darum, Ihrem Gegenüber über eine längere Strecke des sich deutlichen Entziehens unter Einhaltung aller Regeln des Anstands und der Höflichkeit klar zu machen, dass man einfach kein Ansprechpartner mehr ist: In der Regel dauert es nicht lang, bis man begreift und Sie in Ruhe lässt.

KEINE ANGST VOR SYMPATHIEVERLUST!

Und Sie brauchen auch keine Angst vor dem Verlust an Sympathien zu haben. Was verlieren Sie? Die Sympathien von Nervensägen! Sie können auf die Nervensägen ebenso wie auf deren Sympathien verzichten! Sie verlieren nichts! Im Gegenteil: Sie gewinnen Freiräume!

TÄTER UND OPFER

In Fällen härterer Auseinandersetzungen über unterschiedliche Auslegungen der Regeln des Zusammenlebens zum Beispiel bei Nachbarschaftskonflikten, kann man immer wieder das klassische Täter-Opfer-Verhaltensmuster beobachten. Es gibt eben immer Täter, die aktiv voran-schreiten und etwas machen, und es gibt die Opfer, die etwas mit sich machen lassen. Die Opfer leiden in der Regel. Die Täter begreifen mangelnden Widerstand als Aufforderung, immer weiter vorzustoßen in das durch fehlenden Widerstand hervorgerufene Vakuum.

WER SCHREIBT, BLEIBT!

Opfer, die sich aus eben dieser Opferrolle befreien wollen und nicht weiter bereit sind, die Deutungshoheit über die Regeln des Miteinanders anderen zu überlassen, werden nicht umhin kommen, deutlich Grenzen zu ziehen. Die Anzahl der Attacken geht erfahrungsgemäß von dem Moment an gravierend zurück, in dem man vernehmlich signalisiert, dass ab jetzt alle Toleranzgrenzen überschritten sind und das Gegenüber mit massivem Widerstand zu rechnen hat.

Nur, wie setzt man diese Grenzen? Opfertypen sind selten in der mündlichen Auseinandersetzung erfolgreich, weil solche Auseinandersetzungen bisweilen emotional aus dem Ruder laufen, weil man dann doch nicht den Mut hat, von Angesicht zu Angesicht seine Interessen durchzusetzen. So was ist auch nicht immer einfach und will geübt sein.

Die Lösung ist: Schreiben. Wer schreibt, hat alle Ruhe der Welt, seine Sicht der Dinge emotionslos und unter Einhaltung aller Regeln der Höflichkeit (die man im Übrigen in keiner Auseinandersetzung jemals vernachlässigen sollte) rational zu begründen, Kompromisse zu formulieren – und je nach Lage der Dinge auch darauf hinzuweisen, dass die formulierten Vorschläge definitiv das Ende des Laternenpfahls sind, dass man selbst nicht mehr bereit ist, über den Gegenstand zu reden, sondern alsbald nur noch Anwälte wird reden lassen.

Das Wort „Anwälte" reicht in der Regel, um den Adressaten zu einem geordneten Rückzug zu bewegen. Und wenn nicht, sind Anwälte ja tatsächlich manchmal die einzige Rettung.

Energiefresser „Freundschaftsdienst"

Eine ganz besondere Form des sozialen Gerümpels stellt ein Phänomen dar, auf das man besonders im Freundes- und Bekanntenkreis trifft: der eingeforderte Freundschaftsdienst.

Ob es der Rechtsanwalt ist, den man darum bittet, sich doch mal dieser Verkehrssache anzunehmen und einen Brief zu schreiben, weil das doch bei der Versicherung Eindruck mache, oder der Schreiner, den man bittet, doch mal endlich dieses Problem mit dem Hochbett zu lösen, weil man selbst doch handwerklich ein wenig ungeschickt sei: Es handelt sich um eine besonders perfide Methode, einen Vorteil auf Kosten anderer zu suchen, weil der Bittsteller unausgesprochen auf ein gefühltes Recht auf Hilfestellung pocht, die zu verweigern der Angesprochene kaum wagen wird, um sich nicht dem befürchteten Vorwurf der verweigerten Solidaritätspflicht auszusetzen.

Bleiben Sie höflich – immer!

Nichts ist gegen die Verrichtung und die Inanspruchnahme eines Freundschaftsdienstes einzuwenden, wenn er freiwillig und von Herzen gerne angeboten wird. Man kann Freunde auch um einen Freundschaftsdienst bitten. Man darf jedoch nicht böse sein, wenn der oder die Angesprochene sich verweigert, weil ein solches Entgegenkommen angesichts eines deutlich erkennbaren Mangels an Zeit und Ressourcen eine Zumutung wäre.

ZAUBERWORT „KOSTENVORANSCHLAG"

Engen Freunden und Verwandten gegenüber kann man in der Regel eine ablehnende Haltung erläutern und darf auf Nachsicht hoffen. Doch was macht man mit dem Heer der entfernten Bekannten? Was macht man mit den kürzlich erst auf dem Schulfest kennengelernten Eheleuten, die plötzlich ihre Sympathien für Sie entdecken, seit sie wissen, dass Sie Architekt sind, und dann nachfragen, ob Sie da nicht mal einen Blick auf die Umbaupläne der alten Gründerzeitvilla werfen könnten. Bezahlen könne man da allerdings nichts, weil der Umbau ja schon so teuer sei.

Wer sich diese Nassauer-Klientel vom Hals halten möchte, sollte zweistufig vorgehen.

Stufe eins: Lassen Sie sich niemals zwischen Tür und Angel, am Tresen, im Kindergarten oder wo auch immer auf eine etwaige Inanspruchnahme Ihrer Dienste ansprechen. Verlegen Sie solche Gespräche grundsätzlich auf professionelles Terrain: Laden Sie also den Bittsteller für ein Gespräch in Ihr Büro oder in Ihre Werkstatt ein.

Stufe zwei: Lassen Sie bereits bei der ersten Kontaktaufnahme, spätestens aber im Büro oder in der Werkstatt, relativ schnell den Begriff „Kostenvoranschlag" fallen. Gemeint ist natürlich der Kostenvoranschlag für Ihre Leistung. Dieses Zauberwort führt in der Regel dazu, dass die Bittsteller recht zügig und ziemlich schmallippig das Gespräch beenden.

Oder sie bleiben – und zahlen!